Goldene Regeln
des inneren Friedens

Dalai Lama

GOLDENE REGELN DES INNEREN FRIEDENS

Herausgegeben von
Christian Leven

HERDER

FREIBURG · BASEL · WIEN

© Verlag Herder GmbH, Freiburg im Breisgau 2012
Alle Rechte vorbehalten
www.herder.de

Gesamtgestaltung und Satz: Tina Lechner Grafik & Buchdesign, Stuttgart
Herstellung: fgb · freiburger graphische betriebe
www.fgb.de

Gedruckt auf umweltfreundlichem, chlorfrei gebleichtem Papier
Printed in Germany

ISBN 978-3-451-30632-7

Inhalt

In der Nacht des 17. März 1959 hat sich die Welt der Tibeter für immer verändert. In dieser Nacht marschierte ein vierundzwanzigjähriger junger Mann mit dem Gewehr über der Schulter aus dem Norbu-Lingka-Palast in Lhasa, der Hauptstadt Tibets, heraus. Er trug die traditionelle Kleidung der Menschen in China. Um sich noch weiter unkenntlich zu machen, hatte er seine Brille abgelegt. Und niemand konnte ahnen, dass seine beiden ähnlich gekleideten Begleiter seine Leibwächter waren. Denn sie mussten den höchsten Würdenträger des Landes, Tenzin Gyatso, den XIV. Dalai Lama, auf seiner Flucht nach Indien beschützen.

Als Tenzin am 6. Juli 1935 in Taktser in der Provinz Amodo, Osttibet, in einem Haus mit türkisfarbenen Dachziegeln zur Welt kam, war Tibet ein freies Land. Seine Eltern waren einfache freie Bauern, die auf ihrem Land gerade genug zum Lebensunterhalt ihrer Familie mit sieben Kindern, die innerhalb von 30 Jahren geboren waren, erwirtschaften konnten. Schon der älteste Sohn war als die Wiedergeburt eines hohen Lamas erkannt worden. Mehr als eine Inkarnation innerhalb einer Familie ist äußerst ungewöhnlich. Niemand dachte daran, in einem der anderen Kinder etwas Besonderes zu sehen. So wuchs auch Tenzin wie alle anderen Kinder einfach und kindgemäß heran. Doch kurz nach seinem vierten

Geburtstag wurde sein kindliches Spielen jäh unterbrochen: Eine der drei Findungskommissionen aus hochrangigen Mönchen hatte ihn als die Reinkarnation des vorherigen Dalai Lamas erkannt. Und nun musste der kleine Junge seine Familie verlassen und nach Lhasa reisen.

Im Potala, dem Sitz des Dalai Lama, begann die Ausbildung des Jungen. Die klassische Schulung im Kloster umfasst die Unterrichtung in tibetischem Buddhismus, tibetischer Kultur, Sprache, Schrift, Kalligraphie und Allgemeinwissen. Die Unterweisung in Meditation und Gebet gehört ebenfalls zur Vorbereitung auf die Pflichten im hohen Amt.

Im tibetischen Buddhismus wird der Dalai Lama als Bodhisattva angesehen und verehrt. Er gilt als ein erleuchtetes Wesen, das bewusst wieder in eine Existenz, zum Beispiel in eine menschliche Daseinsform, eintrat. Ein Bodhisattva tut dies bewusst aus Mitgefühl. Denn obwohl Erleuchtete den Kreislauf der Wiedergeburten verlassen können, geloben Bodhisattva, ihre Wiedergeburt freiwillig auf sich zu nehmen, um das Leiden anderer fühlender Wesen zu mildern. Gemäß der tibetischen Tradition ist ein Dalai Lama die Reinkarnation Avalokiteshvaras, des Bodhisattva des Mitgefühls, der in dieser Welt als Mensch wiedergeboren wird.

Als Tenzin fünfzehn Jahre alt geworden war, musste er die Regierung über sechs Millionen praktisch wehrloser

Tibeter übernehmen. Die Reformen des XIII. Dalai Lama waren alle versandet. Die Tibeter waren für eine Stärkung der Streitkräfte und für eine Erneuerung und Modernisierung des Landes nicht zu begeistern. Sie wollten keine Veränderung, obwohl ihnen damals etwa 600 Millionen Chinesen gegenüberstanden.

Tibet hatte schon immer die Begehrlichkeiten einiger seiner Nachbarn geweckt. Die Westmongolen hatten im 17. Jahrhundert Zentraltibet erobert, den Dalai Lama aber als oberste Autorität bestätigt. Der chinesische Kaiser wiederum wollte keine verfeindeten Mongolen in Tibet und griff ein. Die Tibeter versuchten, sich mit Russland zu verbünden, um sich dem Einflussbereich der Chinesen zu entziehen. Das war der britischen Kolonialmacht nicht recht. In einem Tibetfeldzug rückte sie 1904 nach Lhasa vor. Tibet stand zu der Zeit wieder unter chinesischer Oberhoheit und konnte keine Verträge mit anderen Staaten schließen. In Anbetracht der Lage rückten die Briten wieder ab. 1905 griff einer der beiden chinesischen Residenten in die Hoheit der Klöster Osttibets ein. Der chinesische General Zhao Erfeng ließ weitere Klöster durch seine Truppen stürmen, plünderte sie aus und ließ die Mönche im schlimmsten Sinne des Wortes abschlachten. Er errichtete eine Willkürherrschaft, nahm der Bevölkerung ihre Lebensgrundlage, indem er den größten Teil der Getreidevorräte für den Winter beschlagnahmen ließ, und rückte 1908 weiter nach Zentraltibet und Lahsa vor. Sein Einmarsch in die

Stadt glich einem Sturmangriff. Der Dalai Lama war kurz zuvor nach Sikkim geflohen. Die diplomatischen Interventionen der britischen und russischen Regierung, um die er ersucht hatte, wurden von China ignoriert. Der Ausbruch der chinesischen Revolution im Jahre 1911 verschaffte Tibet eine Ruhepause, da das Heer der chinesischen Besatzer bis auf 3000 Soldaten abgezogen worden war. Im Juni 1912 kehrte der Dalai Lama unter dem Jubel der Bevölkerung in seine Hauptstadt zurück.

So war Tibet im Laufe seiner Geschichte immer ein Spielball der Interessen Chinas gewesen. Im Sommer 1950 bebte die Erde und man vernahm ihr Grollen wie ein Vorzeichen drohenden Unheils in ganz Tibet. Am 1. Oktober marschierten 80.000 chinesische Soldaten in Tibet ein.

Der junge XIV. Dalai Lama versuchte, seinem wehrlosen Land zu helfen, so gut es ging, zumindest aber zu retten und zu erhalten, was zu retten und zu erhalten möglich schien. Er reiste sogar nach China, sprach mit Mao Zedong, hoffte sogar eine Brücke bauen zu können von der buddhistischen Grundhaltung der Gleichheit und Gerechtigkeit hin zu den marxistischen Bestrebungen. Mao jedoch beschwichtigte nur und verhöhnte letztlich den Dalai Lama und die Tibeter mit der Begründung, seine Soldaten seien ja als »Befreier« gekommen. Die chinesischen Interessen in Tibet wurden mit zunehmender Härte durchgesetzt. Die Gefahr für den Dalai Lama wuchs zusehends. Er legte die letzten Prüfungen für sein hohes Amt ab und promovierte zum Doktor der buddhistischen Philosophie. Dann war nach langem Drängen seiner Berater die Entscheidung getroffen: Der Dalai Lama floh in der Nacht des 17. März 1959 aus Lhasa und begann seinen mühevollen Weg in die Freiheit und das Exils in Nordindien. Und Tausende Tibeter folgten ihm.

In Dharamsala konnten sie sich niederlassen, Unterkünfte und Schulen errichten und ihren Glauben des Mitgefühls leben, der den Chinesen so verhasst ist. Von seiner Residenz im Exil aus kümmert sich der Dalai Lama gleichermaßen um sein Volk in Tibet wie auch um seine ihm gefolgten Landsleute. Er ließ für Tibet eine neue demokratische Verfassung erarbeiten, ein Parlament wählen, dem Exiltibeter aus allen Ländern angehören, und eine Regierung nach westlichem Vorbild einsetzen. Aber natürlich interessiert China das nicht.

Ein buddhistischer Mönch seines Ranges müsste sich eigentlich viel mehr in Kontemplation und Meditation zurückziehen. Doch er beschränkt seine konzentrierte Meditation auf drei sehr frühe Morgenstunden. Dann widmet er seinen Tag dem tätigen Mitgefühl und der Sorge um andere Menschen. Immer wieder versuchte er, mit der chinesischen Führung ins Gespräch zu kommen, man verweigert sich ihm aber. Dennoch ist er nicht bereit, von der Gewaltlosigkeit abzulassen, denn das Ziel heiligt in seinen Augen nicht die Mittel. Aber die Tibeter im Lande leiden. Massiv lässt die chinesische Regierung Han-Chinesen in Tibet ansiedeln, die jeden Bereich der Verwaltung, der Wirtschaft und Infrastruktur besetzen. Die Tibeter werden verdrängt und vermehrt zu Bettlern im eigenen Land. In ihrer gewaltlosen Verzweiflung kam es immer öfter zu Selbstverbrennungen einzelner Tibeter. In einer Radikalisierung seiner Landsleute sieht der Dalai Lama die Gefahr ihrer endgültigen Selbstvernichtung. Auch in hohen UN-Gremien spricht man angesichts der chinesischen Okkupation zunehmend vom »kulturellen Völkermord«. Jede Sympathiebezeugung für den Dalai Lama und das Volk der Tibeter betrachtet China als einen Affront und einen Angriff auf »seine inneren Angelegenheiten«. So wehrte sich die chinesische Regierung auch gegen die Verleihung des Friedensnobelpreises an den Dalai Lama im Jahre 1989.

Sein menschenfreundliches Engagement für den Weltfrieden, auch für den Frieden mit China, für den Frieden zwischen den Religionen, ja zwischen den einzelnen Menschen hat bis heute nicht nachgelassen. Selbst sein Humor und seine liebenswürdige Freundlichkeit gegenüber wirklich jedermann sind ungebrochen. Man muss wohl ein tiefes Verständnis haben von der Zeit und ihren Erscheinungen und vom immerwährenden Bemühen, das Leiden der Lebewesen zu beenden. So nennt der Dalai Lama in seinem Buch »Das Herz der Religionen« drei Hauptthemen, ja – wie er sagte – eigentlich

Aufträge, für die er sein Leben einsetzt: »Erstens setze ich mich als Mensch für die Förderung dessen ein, was ich für die Grundwerte des Menschseins halte, nämlich vor allem das Mitgefühl, das in meinen Augen die Grundlage für das Glücklichsein der Menschen ist. Zweitens setze ich mich als religiöser Mensch für die Förderung der Verständigung und Harmonie zwischen den Religionen ein. Und drittens schließlich setze ich mich als Tibeter und Dalai Lama für eine glückliche und zufriedenstellende Lösung der traurigen Krise Tibets und seines Volkes ein. Dieses dritte Anliegen habe ich in meiner Eigenschaft als Dalai Lama geerbt, die anderen beiden Anliegen dagegen habe ich aus freien Stücken gewählt, und ich werde sie bis zu meinem letzten Atemzug verfolgen.«

Möge dieses Buch allen fühlenden Wesen von Nutzen sein.

Christian Leven

I

*Auf dem Weg für
ein neues Bewusstsein*

Empfehlung

Eine alte tibetische Weisheit rät uns: »Ändere dein Bewusstsein, aber lasse dein Äußeres, wie es ist.« *So einfach*

Du bist der Anfang

Ändern wir uns nicht, wird sich nichts ändern; und dann zu erwarten, dass andere sich ändern, ist ziemlich unrealistisch. Frieden und Glück müssen wir in uns selbst entwickeln. Wie der Buddha sagte: »Du bist dein eigener Herr und Meister. Die eigene Zukunft hängt von dir selbst ab. Niemand sonst kann die Zukunft des eigenen Lebens in die Hand nehmen; so wie das gegenwärtige Leben nur von den eigenen Schultern getragen werden kann.« *Pfad, 178*

Frieden und Glück müssen wir in uns selbst entwickeln.

Außenorientierung

In westlichen Gesellschaften herrscht eine Tendenz, nach äußerlichen Mitteln zu suchen, um unsere Probleme zu lösen und Glück und Zufriedenheit zu finden. Diese Außenorientierung führt vielleicht dazu, sich leichter von Veränderungen in der äußeren Umwelt beeinflussen zu lassen. *Welt, 316*

Was hilft

Es gibt drei Punkte, die uns helfen können, unsere grundlegende Einstellung zu verändern und ein tieferes Gefühl der Verbundenheit mit allen Menschen zu kultivieren. Erstens: über unsere soziale Natur nachdenken. Zweitens: über unsere wechselseitige Abhängigkeit nachdenken. Und drittens: über unsere gemeinsame Menschlichkeit nachdenken. *Welt, 347*

Keine Verbindung

Sehr oft leben wir in der falschen Annahme, wir existierten von allem losgelöst und könnten alles erreichen, und verkennen dabei, wie sehr wir mit unserem Leben auf das Dasein, die Hilfe und Unterstützung anderer angewiesen sind. Dieser Sachverhalt trifft nicht nur auf uns Menschen zu, sondern gilt gleichermaßen für unsere Umwelt und andere Lebensformen, Pflanzen- und Tierarten, letzten Endes für alles um uns herum. Ein Großteil von Leiden und Problemen entsteht deshalb, weil wir nicht ausreichend die Hilfe und Fürsorge wertschätzen, die wir von der Welt um uns empfangen, und deshalb deren Wert und Bedeutsamkeit nicht genügend würdigen. *Pfad, 90f*

Ich sage immer und immer wieder, dass die Lösung ist, realistisch zu bleiben. Bleiben Sie realistisch! *Welt, 245f*

Erkenntniswege

Im Wesentlichen lassen sich zwei Arten von Erfahrung unterscheiden: Die eine ist mehr mit unserem Körper verbunden und kommt hauptsächlich durch unsere Sinnesorgane zustande; die andere hingegen bezieht sich eher auf das, was man als »das Bewusstsein« oder »den Geist« bezeichnen kann. *Anfang*

Verbindungen

Meiner Meinung nach können wir in jedem Fall sagen, dass sich Erfahrungen auf der Ebene des Bewusstseins, des Geistes, abspielen. Zwar sprechen wir auch von physischen Erfahrungen, diese rühren jedoch nicht allein vom Körper her. Betäuben wir zum Beispiel einen bestimmten Körperteil, so verspüren wir dort keine Empfindungen mehr. Erfahrung steht also in Bezug zu Empfindung, und Empfindung wiederum steht in Bezug zu Bewusstsein. *Anfang*

Hinwendung

Obwohl es viele verschiedene Methoden zur Disziplinierung des Geistes gibt, ist es doch von immenser Bedeutung, vor allem an das Wohl der anderen zu denken. Wohlmeinende Gedanken für andere bringen nicht nur ihnen, sondern auch uns selbst Glück. Denken wir hingegen nur an unser eigenes Wohl, an unsere eigenen Annehmlichkeiten, so kann daraus nichts anderes als Leid entstehen. *Yoga, 103*

Bedeutung

Von entscheidender Bedeutung ist es, sich über den
Wert des Ziels im Klaren zu sein, wie wertvoll es ist,
das Ziel zu erlangen. Das ist ein wichtiger Aspekt.
Wenn wir den Wert unseres Ziels erkannt haben und
sehen, dass das Wohlergehen anderer Menschen oder
der Gesellschaft davon abhängt, wird das unsere Entschlossenheit festigen, das Ziel zu verfolgen. [...] Obwohl
ich besonders von der Notwendigkeit sprach, den Wert
eines gesteckten Ziels zu würdigen, ist es aber auch so,
dass der Mensch Kraft und Widerstandsfähigkeit gegenüber Missgeschicken und Schwierigkeiten gewinnen
kann, wenn er einen Sinn in seinem Leben sieht, der
den engen Rahmen persönlicher Belange übersteigt.
Wenn also unsere Zielsetzung mit einem größeren Sinn
oder höheren Zweck in Verbindung steht, kann das
einen großen Einfluss auf die Verstärkung unserer Entschlossenheit ausüben. *Welt, 262*

Ehrliche Absicht

Solange meine Motivation ehrlichem Mitgefühl entspringt, habe ich nichts zu bereuen, selbst wenn ich
einen Fehler gemacht oder versagt habe. Ich habe mein
Bestes gegeben. Wenn ich trotzdem versagt habe, lag
es daran, dass die Situation eben meine Möglichkeiten
überstieg. Auf diese Weise nimmt uns eine ehrliche
Absicht die Angst und verleiht uns Selbstvertrauen.
Wenn wir insgeheim aber jemanden täuschen wollen,
müssen wir im Falle eines Versagens natürlich nervös

werden. Entwickeln wir dagegen eine von Mitgefühl geleitete Motivation, so brauchen wir, wenn wir versagen, nichts zu bereuen. *Regeln, 272f*

Solange meine Motivation ehrlichem Mitgefühl entspringt, habe ich nichts zu bereuen, selbst wenn ich einen Fehler gemacht oder versagt habe.

Absurdes Verhalten

Ein kluger Mann, der weiß, was seinen Interessen wirklich dient, und der in Harmonie mit sich selbst leben möchte, wird nicht so viel Wert auf Lob, Ruhm und Ehre legen. Was in der Welt gewöhnlich als Befriedigung gilt, sieht neben Dingen, die einen wirklichen Sinn haben, völlig belanglos aus.

Für das bisschen Freude und Vergnügen zögern sie nicht, alles zu opfern, was sie besitzen. Menschen setzen ihr Leben aufs Spiel, nur um sich einen Namen zu machen und als Helden zu gelten. Wie absurd das ist! Kann man sich von Ruhm ernähren? Dauert Vergnügen über den Tod hinaus? Es ist es nicht wert, sich wegen eines Erfolges wie im siebten Himmel zu fühlen und sich durch Fehlschläge in Depressionen stürzen zu lassen.

Friede, 106

Selbstbewusst

Bescheidenheit ist eine gute Eigenschaft, aber es kann
auch zu viel Bescheidenheit geben. Eine geringe Selbst-
achtung hat den negativen Effekt, dass man dann keine
Möglichkeit zur Weiterentwicklung wahrnimmt, denn
man neigt in diesem Fall dazu, auf jede Herausforde-
rung mit dem Gedanken »Nein, das kann ich nicht« zu
reagieren. Um diese Haltung zu überwinden, sollte
man sich klar machen, welches Potenzial man einfach
als Mensch hat, und sich vergegenwärtigen, dass wir
alle eine wunderbare menschliche Intelligenz besitzen,
mit der wir viel zu leisten vermögen. *Glücksregeln, 166*

*Bescheidenheit ist eine gute
Eigenschaft, aber es kann auch zu viel
Bescheidenheit geben.*

Sich auf sich selbst verlassen können

Selbstvertrauen darf nicht mit Stolz verwechselt werden.
Stolz heißt, eine hohe Meinung von sich zu haben,
die durch nichts gerechtfertigt wird, während Selbstvertrauen die berechtigte Gewissheit ist, etwas erreichen
zu können. Diese Gewissheit, diese Entschlossenheit,
sich nicht entmutigen zu lassen, ist eine große innere
Kraft. *Friede, 125f*

Training

Vier Übungen zur Geduld: Wenn Sie herumgeschubst werden, sollten Sie dennoch tolerant und geduldig sein. Wenn jemand Ihnen gegenüber zornig ist, sollten Sie darauf nicht mit Zorn reagieren. Wenn Sie jemand schlägt, sollten Sie nicht zurückschlagen. Wenn Sie jemand in eine peinliche Lage bringt und Sie beleidigt, sollten Sie sich nicht wehren. Diese Übungen verstärken die Geduld. *Glück, 57*

Gelassen bleiben

Alles hängt von unserer inneren Einstellung ab. Geduld ist eine große Kraft; mit ihrer Hilfe gelingt es, angesichts von Schicksalsschlägen Gleichmut zu bewahren. Natürlich, Widrigkeiten akzeptieren ist nicht leicht, aber wir brauchen all unsere Energie für den inneren Kampf gegen unseren schlimmsten Feind, den Hass, und dürfen uns nicht vor den Leiden fürchten, die jeder Kampf mit sich bringt. *Friede, 90*

Ruhe bewahren

Unser Geist sollte immer in Gelassenheit verweilen, auch wenn man von Angst überfallen wird, wie das zwangsläufig im Leben vorkommt. Diese Verstörungen sind kurzlebig, wie Wellen, die sich aus dem Wasser erheben und wieder zurücksinken. Deshalb sollte Ihre geistige Grundeinstellung davon nicht berührt werden. Wenn Sie gelassen bleiben, bleibt auch Ihr Blutdruck normal, was für Ihre Gesundheit förderlich ist. *Herzen, 49*

*Wenn Sie ruhig und gelassen sind,
kann noch nicht einmal Ihr Feind
Sie stören.* Glück, 66

Dem Vorteil entsagen

Weil gute oder schlechte Wirkungen durch gute oder
schlechte Motivation verursacht werden, ist die
Kultivierung einer uneigennützigen Motivation von
allergrößter Bedeutung. Logik, 160

Folgerichtig

Freude und Schmerz werden durch unsere eigenen
früher begangenen Handlungen (karman) verursacht.
So kann Karma ohne Schwierigkeiten in einem kurzen
Satz erklärt werden: Handeln wir gut, wird alles gut
werden, und handeln wir schlecht, werden wir leiden
müssen. Logik, 53f

Der Weg zur Vermeidung von Leiden

Wenn man erkannt hat, dass das Leben im Daseins-
kreislauf seiner Natur nach leidvoll ist, und sich dessen
bewusst ist, dass ganz bestimmte Ursachen für Leid
verantwortlich sind, die sich so aufheben lassen, dass
eine Beendigung des Leides erreicht wird, wird sich der
Wunsch entwickeln, den Pfad zu suchen, der aus dem
Leid herausführt, und ebenso der Wunsch, in diesen
Pfad einzutreten. Harvard, 26

Wiedererkennen

Wenn wir eine realistische Haltung einnehmen und
verstehen, dass Probleme in der einen oder anderen
Form immer wieder zwangsläufig auftreten werden
und somit ein fester Bestandteil unseres Lebens sind,
werden wir besser dafür gerüstet sein, sie erfolgreich
zu meistern, wenn sie dann tatsächlich auftreten. *Welt, 247*

Gute Ausgangsbasis

Eine gute geistige Einstellung, ein gutes Herz, ein
Gefühl der Warmherzigkeit – das sind die wichtigsten
Dinge. Wenn Sie eine so gute geistige Einstellung nicht
besitzen, können Sie selbst nicht funktionieren. Sie
können nicht glücklich sein, und auch Ihre Angehörigen,
Ihr Partner oder Ihre Partnerin oder Ihre Kinder,
oder die Nachbarn usw. werden ebenfalls nicht glücklich sein. *Ansprache, 1981*

Täglich zu üben

Jeden Morgen, wenn wir aufwachen, können wir uns
ermahnen, eine altruistische Haltung einzunehmen.
Wenn wir eine altruistische Haltung einnehmen,
bewirkt sie viel Gutes. Aber wenn wir voller Wut, Hass
oder Eifersucht erwachen, werden diese negativen
Emotionen bewirken, uns misstrauisch und unbehag-
lich zu fühlen. *Einklang, 31f*

Hilf anderen, falls möglich. Falls das nicht möglich ist, füge zumindest niemandem Schaden zu. Glück, 32

Wechselwirkung

Wir sollten uns bemühen zu erkennen, wie sehr wir auf diejenigen, für die wir Mitgefühl empfinden, angewiesen sind. Diese Erkenntnis bringt sie uns noch näher. Ständige Aufmerksamkeit ist vonnöten, damit wir andere aus einer weniger selbstbezogenen Warte wahrnehmen. Wir sollten zu begreifen versuchen, welch eminent wichtige Rolle sie für unser Wohlergehen spielen. Wenn wir standhaft genug sind, nicht unserem Hang zu einer selbstbezogenen Sicht der Dinge zu erliegen, können wir uns stattdessen eine Sicht aneignen, in der jedes Lebewesen Berücksichtigung findet. Allerdings dürfen wir nicht erwarten, dass sich unsere Wahrnehmung der anderen plötzlich und unvermittelt verändert. *Mit weitem Herzen*

Erfreuen Sie sich an den guten Dingen, die Sie in diesem Leben getan haben.

Selbstverpflichtung

Regeln zur Güte: Belügen Sie niemals irgendjemanden, es sei denn, Sie könnten anderen durch Lügen großen Nutzen bringen. Helfen Sie anderen Menschen direkt oder indirekt, auf dem Weg zur Erleuchtung voranzuschreiten. Behandeln Sie alle Lebewesen mit Respekt. Betrügen Sie niemals irgendjemanden und bleiben Sie immer aufrichtig. Denken Sie im Wesentlichen immer wieder: »Möge ich dazu fähig sein, allen Lebewesen zu helfen«. *Glück, 152*

Anerkennen

Erfreuen Sie sich an den guten Dingen, die Sie in diesem Leben getan haben. Konzentrieren Sie sich auf bestimmte gute Taten wie beispielsweise das Spenden für Wohltätigkeitsvereine. Empfinden Sie daher auch Freude über diese Tugenden und sagen Sie sich selbst: »Da habe ich wirklich etwas Gutes getan.« Verspüren Sie auch Freude über die Tugenden anderer, ob Sie diese nun direkt erlebt haben oder nicht. *Glück, 75*

Bestätigung

Wir geben einer freudigen Empfindung am besten
Raum, indem wir uns auf das besinnen, was wir bereits
erreicht haben, uns die positiven Seiten des Lebens vor
Augen führen und dergleichen. Das ist das wichtigste
Mittel gegen geistige Erschlaffung. *Anfang*

Gebet

Möge ich jetzt und immer so sein: ein Beschützer für
diejenigen, die niemand beschützt, ein Führer denen,
die sich verirrt haben, ein Schiff für jene, die über die
Meere ziehen müssen, eine Brücke für die, die Flüsse
überqueren müssen, ein Asyl für alle, die in Gefahr
sind, eine Lampe für die, die kein Licht haben, eine Zuflucht für die Schutzlosen und ein Diener all denen,
die Hilfe brauchen. *Das Herz der Liebe*

II

Die guten Fähigkeiten nutzen

Erstarrung

Grundsätzlich soll Zufriedenheit ein Ziel sein, aber einfach nur genügsam zu sein verhindert die Entwicklung und ist, als wäre man lebend tot. *Tag, 15*

Unzufriedenheit ist ein Keim, der Hass in sich birgt. Darum ist es besser, sie von Anfang an nicht aufkommen zu lassen.

Friede, 87

Nichts ist vollkommen

Es ist schlichtweg unmöglich, durchs Leben zu gehen, ohne Problemen zu begegnen. Und es gibt keine Sache, keine Tätigkeit, aus der Sie eine hundertprozentige Befriedigung schöpfen, nicht wahr? Irgendeine Unzufriedenheit wird immer bleiben. Je besser wir imstande sind, diese Tatsache zu akzeptieren, desto besser werden wir mit den Enttäuschungen des Lebens fertig werden können. *Regeln, 40*

Sackgassen

Es entspricht der Natur des Daseinskreislaufs, dass wir fortwährend von negativen Emotionen und Gedanken beherrscht werden. Und solange diese uns beherrschen, ist bereits unsere bloße Existenz eine Form von Leid. Solch ein Leid zieht sich durch unser gesamtes Leben

und führt uns immer wieder aufs Neue in den Teufels-
kreis von negativen Emotionen und unheilvollen Handlungen. *Mit weitem Herzen*

Das »Prinzessin auf der Erbse«-Syndrom

Menschen, die keine Probleme haben und ihr Leben
beschützt wie in einem Kokon verbringen, entfernen
sich von der Wirklichkeit. Wenn sie dann mit einer
Unannehmlichkeit, die nicht weiter der Rede wert ist,
konfrontiert sind, »erfüllen sie das Land mit ihren
Klagen«. Das ist etwas, was ich oft habe feststellen können, auch am eigenen Leib. *Rat, 119*

Nachtragend

Was uns in erster Linie stört und missmutig macht, ist
die Tatsache, dass unsere Wünsche sich nicht erfüllen.
Sich darüber jedoch wiederholt zu ärgern, trägt ganz
und gar nicht dazu bei, diese Wünsche doch noch zu
verwirklichen, so dass wir weder unserem ursprünglichen Ziel näherkommen noch unsere Lebensfreude
wiedergewinnen. Dieser Zustand der Desorientierung,
aus dem Zorn erwachsen kann, ist sehr gefährlich.
Wir sollten niemals zulassen, dass die glückliche Grund-
stimmung unseres Geistes gestört oder gar zerstört
wird. Ob wir zum jetzigen Zeitpunkt leiden oder in der
Vergangenheit gelitten haben, zu keinem Zeitpunkt
sollten wir einen Grund haben, unglücklich zu sein. *Tag, 39*

Zivilcourage

Ich glaube, wenn man mit Ungerechtigkeit konfrontiert wird, dann ist Untätigkeit die falsche Reaktion. In den buddhistischen Schriften findet man die Ausdrücke »falsche Toleranz« oder auch »falsche Nachsicht«. Wenn am Arbeitsplatz viel Ungerechtigkeit und Ausbeutung herrscht, dann ist passive Toleranz die verkehrte Reaktion. Angemessen ist dann vielmehr, aktiv Widerstand zu leisten und den Versuch zu machen, diese Umstände zu ändern, statt sie einfach zu akzeptieren. Dann sollte man etwas unternehmen. *Regeln, 25f*

Genau prüfen

Nähren Sie keine weiteren Konkurrenz-, Neid- oder Eifersuchtsgefühle. Das führt nur dazu, dass Sie noch wütender, noch unzufriedener sind. Aber nun geht es darum, eine Art Seelenfrieden zu erreichen. Und hier müssen Sie Ihre Fähigkeit einsetzen, kritisch zu denken und zu analysieren. Beginnen Sie damit, indem Sie sich bewusst machen, dass keine Situation hundertprozentig gut oder hundertprozentig schlecht ist. Insbesondere im Westen habe ich die Neigung beobachtet, in Schwarz-Weiß-Kategorien zu denken. Aber in Wirklichkeit ist alles im Leben relativ. Mit Hilfe dieser Einsicht können Sie daran arbeiten, zu einer umfassenderen Sicht der Situation zu gelangen. *Glücksregeln, 32f*

Verweht

Wenn wir bemerken, dass jemand hinter unserem
Rücken schlecht von uns spricht, und darauf mit
verletzten Gefühlen reagieren und uns zum Zorn hin-
reißen lassen, zerstören wir damit unseren inneren
Seelenfrieden. Wir sollten solche Vorkommnisse nehmen
wie einen Windhauch, der an uns vorüberstreift; mit
anderen Worten: Wir sollten ihnen nicht zu viel Bedeutung beimessen. *Tag, 210*

Nähren Sie keine weiteren
Konkurrenz-, Neid- oder
Eifersuchtsgefühle.

Feindbilder

Wir fürchten Schmerz, Demütigung, barsche und
unfreundliche Worte für uns und die, die wir lieben,
nicht aber für unsere Feinde, ganz im Gegenteil!
Wenn anerkennend über unsere Gegner gesprochen
wird, irritiert uns das. Gilt die Anerkennung jedoch
uns, reagieren wir genau umgekehrt. Wir sind zu allem
bereit, um unsere Ziele zu erreichen, und werden
verbittert, wenn uns das nicht gelingt. Nicht nur, dass
wir unseren Konkurrenten nichts Gutes wünschen,
jeder ihrer Erfolge ist uns ein Dorn im Auge. Aber
genau diese Haltung ist es, die unsere Unzufriedenheit
verursacht. *Friede, 88*

Bessere Basis

Wenn man eine bescheidene Haltung annimmt, werden die eigenen guten Eigenschaften sich mehren. Wenn man hingegen stolz ist, wird man anderen gegenüber eifersüchtig sein, man wird zornig auf andere sein, und man wird auf andere herabsehen. Aus diesem Grund wird es Unzufriedenheit in der Gesellschaft geben.

Ansprache 1981

Wenn man eine bescheidene Haltung annimmt, werden die eigenen guten Eigenschaften sich mehren.

Unlogisch

Was an den lobenden Worten, die uns gelten, macht uns eigentlich solches Vergnügen? Ist es der Klang der Worte, oder freuen wir uns vielleicht darüber, dass andere Leute mit uns zufrieden sind? Aber: Diese Zufriedenheit entsteht im Geist eines anderen Menschen. Was haben wir davon? Wenn wir behaupten, dass es einfach diese Zufriedenheit anderer ist, die uns freut, dann müssten wir uns aber auch von ganzem Herzen darüber freuen, wenn man mit unseren Konkurrenten zufrieden ist und sie gelobt werden. Tatsache ist jedoch, dass wir ein Lob nur dann schätzen, wenn es uns gilt. Unsere Haltung ist unlogisch und kindisch. *Friede, 106f*

Arbeitsatmosphäre

Was suchen wir eigentlich in unserer Arbeit, welches Ziel verfolgen wir dabei? Wie bei jeder anderen menschlichen Aktivität suchen wir Erfüllung, Befriedigung und Glück, nicht wahr? Und wenn wir über das menschliche Glück sprechen, dann kommen natürlich Emotionen ins Spiel. Daher sollten wir den menschlichen Beziehungen am Arbeitsplatz ganz besondere Aufmerksamkeit schenken, darauf achten, wie wir miteinander umgehen, und versuchen, grundlegende menschliche Werte bei der Arbeit zu bewahren. *Glücksregeln*

Auch nur Menschen

Unsere Mitmenschen verdienen unser Mitgefühl. Das gilt ganz besonders für die Arbeitswelt, wo Arbeitnehmer sich oft im Konflikt mit ihren Vorgesetzten und Chefs befinden und eher geneigt sind, ihnen gegenüber Neid, Angst oder Feindseligkeit zu empfinden, statt in ihnen einfach einen anderen Menschen zu sehen, der unser Mitgefühl verdient wie jeder andere auch.

Glücksregeln, 52

Folgewirkungen

Man sollte sich wirklich bemühen zu begreifen, dass alle Gegebenheiten und Lebensumstände, so unangenehm und widrig sie sein mögen, vergänglich sind. Wie die gekräuselten Ringe auf der Wasseroberfläche kommen und gehen sie bald. So wie unser Leben durch karman, das Gesetz von Ursache und Wirkung, bestimmt ist, so ist es durch endlose Zyklen von Problemen geprägt. Ein Problem tritt auf und verschwindet oder wird gelöst, und ein anderes Problem entsteht. *Tag, 165*

Veranlassen und ablassen

Vergnügen und Schmerz sind Wirkungen. Dass Vergnügen und Schmerz der Veränderung unterliegen, zeigt, dass sie von Ursachen abhängen. Sind sie einmal als verursacht erkannt, kann das gewünschte Glück dadurch erreicht werden, dass man die Ursachen erzeugt, und Leiden dadurch vermieden werden, dass man die Ursachen abstellt. Selbst wenn man ein Leid nicht wünscht, muss man es erleiden, solange die Ursache für dieses Leid im eigenen Bewusstseinskontinuum bestehen bleibt. *Logik, 178*

Es steckt auch etwas Gutes drin

Konzentrieren Sie sich weniger auf die negativen Seiten, wenn Ihnen Ihr Leben unerfreulich scheint oder wenn Sie Schwierigkeiten haben! Sehen Sie die positive Seite, sehen Sie das Potenzial, geben Sie sich Mühe! Dies allein schon garantiert Ihnen einen gewissen Erfolg. Wenn wir unsere ganze Energie und unsere Qualitäten als Menschen nutzen, können wir unsere Probleme überwinden. *Herzen, 54f*

*Sehen Sie die positive Seite,
sehen Sie das Potenzial,
geben Sie sich Mühe!*

Was überwiegt

Nehmen Sie zum Beispiel einen Menschen, der gerne süße Dinge isst und nichts Saures mag. Nun gibt es eine bestimmte Frucht, die dieser Mensch besonders gern isst. Diese Frucht ist hauptsächlich süß, hat aber auch ein wenig Säure. Dieser Mensch mag jedoch weiterhin die Frucht, er hört nicht auf, sie zu essen, weil sie einen leicht sauren Geschmack hat. Wenn er diese Frucht genießen möchte, muss er das kleine bisschen Säure hinnehmen. Sie können das Süße vom Sauren in dieser Frucht nicht trennen, es wird immer miteinander verbunden sein. Und so ist auch das Leben. Solange Sie leben, wird das Leben gute Dinge bieten, aber auch ein paar Probleme, die Ihnen zu schaffen machen. Das ist das Leben. *Regeln, 40*

Schädlich

Denken Sie an einen früheren Zeitpunkt zurück, an dem Sie heftigen Neid und wilden Hass fühlten, und fragen Sie sich, ob dies Ihr Leben zufriedener machte und es Ihnen half, Ihre Ziele zu erreichen. Denken Sie darüber nach, wie andere auf Sie reagierten, wenn Sie große Wut oder Eifersucht äußerten, und analysieren

Sie, ob es dazu beitrug, Ihre Beziehungen zu verbessern. Denken Sie also über diese Dinge nach, bis Sie ganz und gar überzeugt davon sind, wie sehr es Ihnen schadet, auf bestimmte Situationen ständig mit Feindseligkeit und Neid zu reagieren, und wie vorteilhaft dagegen positive Emotionen wie Toleranz oder Zufriedenheit sind. *Regeln, 31f*

Ein gutes Herz ist im täglichen Leben ebenso wichtig wie effektiv.

Relativ gesund

In den Ländern, in denen Knappheit an Nahrungsmitteln herrscht, stellen Hunger und der Hungertod die Hauptursachen von Leiden dar. In den Ländern jedoch, in denen Nahrungsmittel in großer Vielzahl und vielen nahrhaften Variationen zur Verfügung stehen, gibt es Leiden aufgrund von zu vielem Essen und Magenverstimmungen. Wenn eine Balance herrscht ohne offenkundige Probleme, dann nennen wir dies »Glück«; doch es wäre dumm zu denken, dass wir frei von Krankheiten wären oder jemals frei von Krankheiten werden könnten. Der Körper, den wir haben, ist ein Zuhause für Probleme. Somit stellt dieser menschliche Körper einen unschätzbaren Reichtum dar, mächtig und stark, und dennoch zerbrechlich. *Sinn, 66f*

Balance

Wenn Sie die grundlegenden Bedürfnisse des Körpers
vernachlässigen, dann schaden Sie den unzähligen fühlenden Organismen, die in Ihrem Körper leben. Ebenso
sollten Sie das andere Extrem vermeiden, in großem
Luxus zu leben. Es ist durchaus möglich, gute Nahrung,
Kleidung, Wohnung und Ausstattung zu gebrauchen,
ohne Leid bringende Emotionen wie Anhaftung, Stolz
und Arroganz zu entwickeln. Das Wesentliche ist die
Kontrolle innerer Faktoren wie Gier und Anhaftung.
Äußere Faktoren sind nicht in und aus sich selbst heraus
gut oder schlecht. *Liebe, 107f*

Wohlgesinnt

Ein gutes Herz ist im täglichen Leben ebenso wichtig
wie effektiv. Wenn die Mitglieder einer Kleinfamilie,
selbst ohne Kinder, einander warmherzig begegnen, wird
eine friedliche Atmosphäre geschaffen. Wenn hingegen
eine der Personen zornig ist, wird die Atmosphäre im
Haus sofort angespannt. Trotz guten Essens und eines
schicken Fernsehers werden Sie Frieden und Ruhe
verlieren. *Weisheit, 47*

III

Verursacher des Leidens

Auch in Zukunft

Trotz des weltweiten gewaltigen Fortschritts auf materiellem Gebiet bleibt das Leiden. Von den Plagen, die seit Jahrtausenden unser Elend als Menschen ausmachen – etwa Habgier, Wut, Hass und Neid –, werden wir Menschen auch heute noch heimgesucht. Die Lehren jeder der großen Weltreligionen waren auf ihre je einmalige Weise eine spirituelle Quelle dafür, den Auswirkungen dieser Übel die Stirn zu bieten, und sie sind es auch weiterhin. Aus diesem Grund bleibt die Region relevant und wird in der menschlichen Gesellschaft auf voraussehbare Zukunft hin weiter eine wichtige Rolle spielen. *Herz, 12*

Intuition

Hass und Wut berauben uns einer der wertvollsten Qualitäten unseres Menschseins: Sie stehlen uns unser gesundes Urteilsvermögen. [...] Ohne irgendwelches besonderes »Vorauswissen« können wir mit unserem gesunden Menschenverstand feststellen, ob ein bestimmtes Vorgehen richtig oder ob es falsch ist. Wir wissen: Wenn wir dieses oder jenes tun, werden sich daraus diese oder jene Folgen ergeben. *Achtsamkeit, 15*

Mit Stumpf und Stiel

Die negativen Emotionen wie Hass, Zorn und Begierde
sind unsere wahren Feinde, die unser geistiges Glück
stören und zerstören und in der Gesellschaft Unruhe
schaffen. Deshalb müssen sie völlig beseitigt werden; sie
haben nicht das geringste Potenzial, Glück zu erzeugen.

Güte, 106

> Die negativen Emotionen wie
> Hass, Zorn und Begierde sind
> unsere wahren Feinde.

Aggressoren

Auf jeder erdenklichen Ebene – als Individuen und als
Mitglieder einer Familie, einer Gemeinde, einer Nation
und unseres Planeten – sind wir mit Ärger und Egoismus
als den schädlichsten Unruhestiftern konfrontiert. Die
Art von Egoismus, auf die ich mich hier beziehe, ist
nicht nur ein Gefühl von »Ich«, sondern eine übertriebene Ichbezogenheit. Niemand würde je behaupten,
sich glücklich zu fühlen, während er zornig ist. Solange
Ärger und Zorn unseren Charakter bestimmen, gibt es
keine Möglichkeit für andauerndes Glück. Um Frieden,
Gelassenheit und wahre Freundschaft zu erlangen,
müssen wir Ärger möglichst minimieren sowie Güte
und Warmherzigkeit kultivieren. *Glück, 13*

Brauchen wir nicht

Zorn zerstört den geistigen Frieden und schafft weitere neue Probleme. Dadurch muss man einfach zu dem Schluss kommen, dass Zorn in der Tat ohne Wert, Sinn und Zweck ist. *Pfad, 181*

Ärger verringert unsere Fähigkeit, Richtig von Falsch zu unterscheiden.

Phantome

Wie erscheint das Objekt, wenn wir auf jemanden wütend sind? Man wird wütend, weil die andere Person einem selbst geschadet hat, schadet oder schaden wird. Aber was ist das Ich, das geschädigt wurde? [...] Was ist der Feind? Ist der Feind der Körper? Ist der Feind der Geist? Wenn diese Überlegungen gelingen, ist es, als ob sich beide in nichts auflösten – der so massive Feind, der aus sich heraus etwas zu sein scheint, worauf man wütend sein muss, und das scheinbar aus sich selbst heraus existierende Ich, das verletzt wurde. Dadurch zerbricht die Wut gewissermaßen. *Harvard, 127*

Im Räderwerk

Meistens gilt der Ärger unseren Mitmenschen. Wir müssen uns fragen, ob das gerechtfertigt ist, denn das Verhalten der Menschen, die uns Probleme bereiten, ist immer von spezifischen Ursachen und Umständen beeinflusst. Sie sind keineswegs Herr ihrer selbst. Jedes Phänomen entsteht durch Interaktion einer Reihe von Ursachen und Bedingungen. Diesen Mechanismen sind alle Lebewesen unterworfen, und deshalb ist es unsinnig, ihnen etwas übel zu nehmen. *Friede, 92f*

Neubewertung

Viele Menschen meinen, einen Verlust im Leben mit Geduld und Gleichmut zu ertragen sei ein Zeichen von Schwäche. Dem ist aber nicht so. Zorn und Wut sind Zeichen von Schwäche, wohingegen Geduld ein Zeichen der Stärke ist. *Tag, 87*

Wertlos

Ärger verringert unsere Fähigkeit, Richtig von Falsch zu unterscheiden, und diese Fähigkeit ist eine der höchsten menschlichen Eigenschaften. Wenn sie verloren geht, sind wir verloren. Manchmal ist es notwendig, nachdrücklich zu reagieren, doch das kann ohne Ärger getan werden. Ärger ist nicht notwendig. Er hat keinen Wert. *Glück, 19*

Klug handeln

Wenn Sie anderen Menschen Hass und Zorn entgegenbringen, werden diese ebenso reagieren, und Sie werden Ihr eigenes Glück verlieren. Daher sage ich, dass, wenn Sie egoistisch sind, Sie auf kluge Art egoistisch sein sollten. Gewöhnlicher Egoismus konzentriert sich nur auf die eigenen Bedürfnisse; wenn Sie aber auf kluge Art egoistisch sind, dann behandeln Sie andere genauso

gut wie diejenigen, die Ihnen nahestehen. Letzten
Endes wird diese Strategie mehr Zufriedenheit und
mehr Glück hervorbringen. Auch von einem egoistischen
Standpunkt aus erzielen Sie so bessere Resultate, wenn
Sie andere respektieren, ihnen dienen und Ihre
Ichbezogenheit vermindern. *Glück, 64*

Zum anderen Ohr raus

Hohn, Beschimpfungen und Verleumdungen können
den Geist nicht verletzen, denn er ist ohne Form; auch
dem Körper tun sie an sich nichts zuleide. Wenn wir
genau darüber nachdenken, sehen wir, dass Worte
eigentlich nicht so unerträglich sind, wie es uns manchmal erscheint. Warum sich also ärgern? *Friede, 102*

Nachteilig

Ich sage oft, dass wir zwar nicht unbedingt unserem
Feind Unrecht tun, wenn wir unserem Zorn nachgeben,
ganz sicher aber schaden wir uns damit selbst. Wir
verlieren unseren inneren Frieden, wir machen nichts
mehr richtig, wir verdauen schlecht, wir können nicht
mehr schlafen, wir stoßen unsere Besucher vor den
Kopf, wir werfen jenen, die es wagen, unsere Wege zu
kreuzen, zornige Blicke zu.
Was unseren vermeintlichen Feind betrifft, so sitzt er
vielleicht ruhig bei sich zu Hause. Wenn ihm eines
Tages unsere Nachbarn erzählen, was sie gesehen und
gehört haben über uns, wird er seine helle Freude
haben. *Rat, 135*

*Hohn, Beschimpfungen und
Verleumdungen können den Geist nicht
verletzen, denn er ist ohne Form.*

Ursachenforschung

Leiden entstehen zeitweilig. Das ist ein Zeichen dafür,
dass sie auf Ursachen beruhen. Man muss erkennen,
dass Unwissenheit die Wurzel des Daseinskreislaufs
und damit der grundlegende Ursprung des Leides ist.
Dabei ist es hilfreich, genauer zu verstehen, wie sich
Wut und Begierde entwickeln. *Harvard, 126*

Zwei Schritte

Begreifen wir erstens, dass getrübte (und damit zugleich
den Geist trübende) Gedanken und Emotionen des-
truktiv und negativ sind, und versuchen wir zweitens,
unsere positiven Gedanken und Emotionen – die Gegenmittel – zu stärken, können wir allmählich den Einfluss von Wut, Hass und dergleichen verringern. *Anfang*

Frei werden

Der Buddhismus erklärt, dass in unserem gewöhnlichen
Geisteszustand unsere Gedanken und Emotionen
wild und widerspenstig sind. Da uns die geistige Diszi-
plin fehlt, sie zu zähmen, können wir sie nicht unter
Kontrolle bringen. Folglich beherrschen sie uns. Die
Gedanken und Emotionen wiederum haben die Neigung,

sich eher von unseren negativen als von unseren positiven Regungen beherrschen zu lassen. Diesen Kreislauf müssen wir dahingehend durchbrechen, dass unsere Gedanken und Emotionen aus der Abhängigkeit von negativen Regungen befreit werden und wir unseren Geist unter Kontrolle bekommen. *Anfang*

Begründung

Welche Umstände führen nun dazu, dass Hass entsteht? Hass entsteht, weil wir unsere Empfindungen von Ungenügen oder Übel auf die Erscheinungen der Wirklichkeit projizieren, die aber nicht dem entsprechen, was wirklich vorhanden ist. Auf dieser Grundlage entwickeln wir Ärger über das, was der Erfüllung unserer Begierden im Wege steht. Deshalb ist die Annahme, Hass sei dem Geist inhärent, nicht gültig. Die Natur des Geistes als Liebe zu begreifen hat hingegen eine gültige Grundlage. Liegt eine unbegründete Haltung mit einer begründeten für längere Zeit im Wettstreit, wird schließlich die begründete den Sieg davontragen. Daraus folgt, dass schlechte innere Einstellungen allmählich verschwinden werden, wenn man sich nur beständig in guten Einstellungen übt, die ja begründbar sind. *Logik, 44*

Gute Möglichkeit

Schwierige Zeiten lassen uns Entschlossenheit und innere Stärke entwickeln. Durch sie können wir auch dahin gelangen, die Nutzlosigkeit von Ärger anzuer-

kennen. Anstatt zornig zu werden, können wir eine
tiefe Fürsorge und Respekt für solche Unruhestifter in
uns hegen, da sie uns, indem sie unangenehme Umstände schaffen, unschätzbare Gelegenheiten liefern,
uns in Geduld und Toleranz zu üben. *Glück, 61*

Sich selbst beherrschen

Sie müssen sich alle erdenkliche Mühe geben, ganz
bewusst eine Disziplin einzuhalten: eine Disziplin, die
Sie überall in Ihrem Leben zur Anwendung bringen,
um den Einfluss der Wut zu mildern und ihren Gegen-
spieler, den Altruismus, zu stärken. Denn darin besteht
der Weg zu geistiger Disziplin. *Anfang*

Gut vorbereitet

Mit solch einer Haltung werden wir beispielsweise nicht
überrascht sein, wenn Probleme auftauchen. Wir werden uns den Problemen weniger ängstlich und direkter
zuwenden können und eine geringere Neigung zur
Vermeidung oder Verleugnung der Probleme aufweisen.
Wir werden unsere Energie dazu verwenden, Lösungen
für die Probleme zu entwickeln – statt Energie dafür
zu verausgaben, dass wir uns ungerecht behandelt
fühlen; statt darüber verärgert zu sein, dass wir diese
Situation erleben; statt nach einer Einzelperson bzw.
Einzelinstitution Ausschau zu halten, der wir die
Schuld zuschieben können, um dann unseren geballten
Ärger auf diese »Quelle« unserer Probleme zu richten.
Welt, 248

Allein durch Güte, Freundlichkeit
und Liebe kann geistige
und innere Ruhe erreicht werden.

Den Status aberkennen

Wiederholtes Nachdenken über die Nachteile von Ärger
wird dazu führen, dass Sie erkennen, dass er sinnlos,
ja geradezu bemitleidenswert ist. Diese Entscheidung
wird die schrittweise Verringerung Ihres Ärgers bewirken. *Glück, 149*

Mit eigenen Mitteln

Zorn kann nicht durch Zorn überwunden werden.
Wenn Ihnen ein Mensch mit Zorn gegenübertritt, und
Sie mit Zorn reagieren, sind die Folgen verheerend.
Wenn Sie aber Ihren Zorn beherrschen und eine gegen-
teilige Haltung einnehmen – Mitleiden, Toleranz und
Geduld –, dann erhalten Sie sich nicht nur den eigenen
Frieden, sondern der Zorn des anderen wird dadurch
allmählich abnehmen. *Güte, 34*

Gute Kräfte stärken

Den Einfluss einer negativen Emotion wie Wut oder Hass
können wir verringern, indem wir das entsprechende
Gegenmittel stärken: Liebe beziehungsweise Mitgefühl.
Anfang

Voraussetzung

Ärger und Zorn können nicht durch Ärger und Zorn
überwunden werden. Niemand wird der Tatsache
widersprechen können, dass in Gegenwart von Ärger
und Zorn der Frieden unmöglich ist. Allein durch
Güte, Freundlichkeit und Liebe kann geistige und innere
Ruhe erreicht werden. *Liebe, 13*

Offen sein

Fehlen Kooperation und Verständnis, werden Eltern
und Kinder immer in Streit und Zank verwickelt sein.
Das Gleiche gilt für Streitereien zwischen Paaren. [...]
Aber wie lässt sich eine Zusammenarbeit entwickeln
bzw. herbeiführen? Durch Zwang und Gewalt? Wohl
kaum – ganz im Gegenteil, es wäre unmöglich! Worin
besteht also die Alternative? In auf Freiwilligkeit beru-
hender Tätigkeit, Selbstlosigkeit und Interesse an dem
Wohlergehen und den Rechten anderer. [...] Wenn uns
andere Menschen wichtig sind und wir auf sie mit ehr-
licher Aufgeschlossenheit zugehen, dann werden diese
Menschen umgekehrt uns auf gleiche Weise begegnen.
Pfad,17

Wir entscheiden

Auch die Weltprobleme kann man nicht mit Zorn oder Hass angehen. Man muss ihnen mit Mitgefühl, Liebe und wahrer Güte gegenübertreten. Sehen Sie sich all die schrecklichen Waffen an, die es gibt. Und doch können die Waffen selbst keinen Krieg anzetteln. Der Knopf, der ihn auslöst, liegt unter einem menschlichen Finger, der durch Gedanken, nicht durch seine eigene Kraft bewegt wird. Die Verantwortung liegt in unserem eigenen Denken. *Güte, 34*

Jedes Ding trägt ein positives Moment in sich.

Drängler

Kaum ein Gegenstand hat ausschließlich negative Seiten. Jedes Ding trägt ein positives Moment in sich. Wenn sich jedoch Gefühle des Zorns breitmachen, nehmen unser Geist und unser Denken nur den negativen Aspekt wahr. *Pfad, 26*

Diese Vorteile wahren

Sie helfen nicht nur den anderen, wenn Sie Ihre eigen-
süchtigen Motive zähmen, wenn Sie Ihre Wut im
Zaum halten und so weiter. Letztlich haben Sie selbst
davon sehr viel mehr, als wenn Sie es nicht tun würden.
Deswegen sage ich manchmal: Kluge Egoisten haben
keine andere Wahl. Sie müssen sich so verhalten. Wer
allerdings egoistisch ist und gleichzeitig dumm, wird
nur an sich selbst denken. Das wird negative Konse-
quenzen haben. Also: Kluge Egoisten denken an andere,
helfen anderen, so gut sie können – mit dem Ergebnis,
dass sie selbst davon profitieren. Achtsamkeit, 18

IV

Der kurze Ton der Vergänglichkeit

Verlangen

Wir wollen mehr und mehr und mehr. Das ist, in gewisser Weise, wirkliche Armut – immerzu hungrig und hungrig und hungrig zu sein, ohne ein bisschen Zeit zur Zufriedenheit. Andere mögen nicht reich sein, aber die Zufriedenheit stattet sie mit weniger Sorgen, weniger Feinden, weniger Problemen und sehr gutem Schlaf aus. *Glück, 34*

Wirkliches Glück muss von innen kommen.

Flüchtige Dinge

Materieller Fortschritt allein kann den Menschen unmöglich endgültiges und dauerhaftes Glück bringen. Er wird immer neues Verlangen nach weiterem Fortschritt entfachen. Trinkt man Salzwasser, so nimmt der Durst nur noch zu. Annehmlichkeiten, die nur aufgrund äußerer Faktoren entstehen, sind vorübergehend und bilden eine Grundlage für die Vermehrung von Begierden, die wiederum unausweichlich mehr und mehr Schwierigkeiten und Leiden erzeugen. Wirkliches Glück muss von innen kommen. Einzig die Freude und die Zufriedenheit, die der inneren Kraft des Geistes entspringen, sind wahrhaft und beständig. *Yoga, 90*

*Schauen Sie in Ihr Inneres,
versuchen Sie, etwas von Ihrem
Potenzial zu nutzen.*

Gesundheitsvorsorge

Andere Freunde leben in großem materiellem Wohlstand, beginnen aber nach dem Austausch der ersten Begrüßungsworte gleich zu klagen und zu jammern. Trotz ihrer angenehmen Lebensumstände kennt der Geist dieser Menschen keine Ruhe und keinen Frieden, und folglich machen sie sich ständig Sorgen über ihre Verdauung, über ihren Schlaf – einfach über alles. Geistige Ruhe und Gelassenheit sind also eine wichtige Bedingung für gute Gesundheit. Hierfür brauchen Sie keinen Arzt, schauen Sie in Ihr Inneres, versuchen Sie, etwas von Ihrem Potenzial zu nutzen. Dies kommt außerdem billiger! *Herzen, 49f*

Was wirkt

Wenn Sie Menschen begegnen, die ihr Leben wirklich dem Verfolgen tieferer Ziele gewidmet haben, dann finden Sie diese Hingabe vielleicht gut, aber das war's dann auch. Wenn Sie aber jemanden treffen, der teuer gekleidet ist und der seinen Reichtum offen zeigt, dann würden Sie sich nach diesem Reichtum sehnen, danach gieren, darauf hoffen mit immer größerer Anhaftung. Schließlich werden Sie alles tun, um ihn zu erreichen. *Tag, 15*

Maßlos – sogar die Probleme

Ist man nicht genügsam, sondern gierig nach diesem und jenem, so kann das Verlangen doch nie völlig gestillt werden. Selbst wenn man über die ganze Welt herrschen würde, würde das noch nicht genügen. Begierde kann nicht gestillt werden. Wenn man verlangt und immer wieder mehr verlangt, wird man viele Widrigkeiten, Enttäuschungen, Unglück und Schwierigkeiten auf sich ziehen. Große Begierde kennt nicht nur keine Erfüllung, sie schafft selbst auch Schwierigkeiten. *Logik, 178*

Sättigung

Beobachten Sie, wie ein Gegenstand, zum Beispiel eine Uhr, in einem Geschäft erscheint, wenn Sie zum ersten Mal Notiz von ihm nehmen, wie er sich dann verändert und gegenständlicher und greifbarer wird, sowie sich Ihr Interesse daran verstärkt; und wie er schließlich erscheint, nachdem Sie ihn gekauft haben und als Ihr Eigentum betrachten. *Glück, 109*

Wenn wir dem Geld um des Geldes willen nachjagen, macht es uns zu Opfern einer unersättlichen Gier.

Überdruss

Ich erzähle gerne die Geschichte einer Familie, die einen
neuen Fernsehapparat kauft. Im Vergleich zum alten
ist der neue wirklich vorzüglich, und alle sehen tagelang
fern. Aber schließlich wird es ihnen langweilig. Das
beweist, dass die ursprüngliche Freude die Natur von
Schmerz in sich trägt. Solche Zustände von vorüber-
gehendem Glück werden das Leiden der Veränderung
genannt. *Glück, 34*

Abhängig

Wenn ein Mensch glaubt, dass Geld mit Glück gleich-
zusetzen ist, dann wird er sich ständig mit der Vermehrung seines Reichtums beschäftigen, auch wenn er
schon reich ist. Er jagt diesem unerreichbaren Traum
nach. Er strebt nach mehr. Er ist jetzt ein Sklave des
Geldes und befindet sich in noch größerer Knechtschaft
als zu Beginn. *Regeln, 65*

Junkies

Wenn wir dem Geld um des Geldes willen nachjagen,
macht es uns zu Opfern einer unersättlichen Gier.
Das ist das Problem. Wir bekommen nie genug. Wir
werden zu Sklaven des Geldes. *Glücksregeln*

Zweckentfremdung

In der Hektik des modernen Lebens verlieren wir den wirklichen Wert des Menschseins aus den Augen. Die Menschen werden zur Gesamtsumme dessen, was sie produzieren. Menschliche Wesen verhalten sich wie Automaten, deren Zweckbestimmung es ist, Geld zu verdienen. Das ist vollkommen verkehrt. Der Zweck des Geldverdienens sollte das Glück der Menschen sein, und nicht umgekehrt. *Glück, 35*

Engstirnig

Wir lügen, betrügen und verhalten uns in unserer Gemeinschaft nicht immer aufrichtig gegenüber anderen, von denen jedoch auch unsere eigene Zukunft abhängt. Durch Kurzsichtigkeit und Unwissenheit »geblendet«, manipulieren wir zugunsten kleiner kurzfristiger Vorteile genau jene Bedingungen und Grundlagen, auf denen unser zukünftiges Wohl ruht bzw. gebaut ist. Wenn wir diesen Mechanismus einmal durchschauen, führt die neu gewonnene Erkenntnis zu einer Haltung, die mehr von Mitgefühl und der Bereitschaft zur Mithilfe geprägt ist. *Pfad, 33*

Prestige statt Würde

Die Menschen scheinen manchmal ausschließlich damit beschäftigt zu sein, wie viel sie verdienen, wie viel sie wert sind und auf welcher sozialen Stufe sie stehen. Man sagte mir einmal, dass es eine Abneigung dagegen gebe, offen über das eigene Gehalt zu sprechen, weil

die Höhe des Gehalts als Hinweis auf den eigenen Wert
gesehen werde und darauf, wer man als Mensch sei.
Ein grundlegendes Problem einer solchen Einstellung
ist es jedoch, dass sie dazu führen kann, die Beziehung
letztendlich zu dem Geld, dem Status und der Macht
des anderen aufzubauen, statt mit dem jeweiligen
Menschen selbst. *Welt, 329*

Geld an sich ist nur ein Stück Papier.

Das Wesentliche

Da es zu Glück führt, wenn man den Geist zähmt, und
da es Leiden bringt, wenn man dies nicht tut, nutzen
Sie Ihr Leben dazu, die Anzahl von ungezähmten
Haltungen und Einstellungen zu reduzieren – wie zum
Beispiel Feinde zu kontrollieren, Geldgewinn zu vermehren und Ähnliches – und Ihren Geist, so gut es
geht, zu zähmen oder zu schulen. Das ist der Weg, um
die sinnvolle Essenz dieses kostbaren und zerbrech-
lichen Körpers zu gewinnen. *Sinn, 68*

Wertvorstellung

Geld an sich ist nur ein Stück Papier. Erst der Wert, den wir ihm gesellschaftlich zuschreiben, macht es zu etwas Wertvollem. Das Papier selbst ist verschwindend wenig wert. Sein wahrer Wert liegt in dem ihm zugemessenen Preis, der Zahl, die auf dem Papier steht. Das mag albern klingen, aber ich glaube, es ist wichtig, sich zuweilen an diese einfache Tatsache zu erinnern.

Glücksregeln

Die Not lindern

Es ist ein Fehler zu denken, dass es sich wirklich lohne, mehr Geld für Essen, Kleidung und Schmuck auszugeben, nur weil man mehr Geld hat. Es wäre besser, wenn man stattdessen mehr Geld für die Erziehung und die Gesundheit armer Menschen ausgäbe. Das wäre kein aufgezwungener Sozialismus, sondern freiwilliges Mitgefühl. *Glück, 55*

Gute Essgewohnheiten sind ein sehr wirkungsvolles Mittel gegen geistige Dumpfheit.

Jenseits des Leichtsinns

Es gibt vorübergehende Erfahrungen, wie das Essen von guten Speisen, die in und aus sich selbst angenehm und vergnüglich erscheinen, die sich aber in Schmerzen

verwandeln, wenn man sie ununterbrochen genießt –
das ist das Leiden der Veränderung. Wenn eine Situation
von Vergnügen in Schmerzen übergeht, denken Sie
über die Tatsache nach, dass sich nun die tiefere Natur
ursprünglichen Vergnügens enthüllt. Die Anhaftung
an solch oberflächliche Freuden wird nur weiteres Leid
bringen. *Weg, 148*

Nicht vollstopfen

Im Buddhismus wird ordinierten Mönchen und Nonnen
davon abgeraten, nach dem Mittagessen noch weitere
Nahrung zu sich zu nehmen. Durch diesen Verzicht
können sie eine gewisse geistige Klarheit bewahren, die
der Meditation zugutekommt. Und auch, wenn sie am
nächsten Morgen aufwachen, verfügen sie über einen
entsprechend klaren Geist. Gute Essgewohnheiten sind
also ein sehr wirkungsvolles Mittel gegen geistige
Dumpfheit. *Anfang*

Überflüssig

Unvernünftige oder kontraproduktive Begierde ist eine
übertriebene Anhaftung an Dinge und führt unver-
meidlich zu einem Mangel an Zufriedenheit. Fragen Sie
sich selbst, ob Sie die meisten dieser Dinge wirklich
benötigen, und die Antwort wird »Nein« sein. Diese Art
des Verlangens ist grenzenlos, kann niemals Befriedigung finden und führt letztendlich zu Leiden. Dieser
Art von Begierde müssen Sie Einhalt gebieten. *Liebe, 99*

Den Pakt aufbrechen

Tag und Nacht, Nacht und Tag verbringen wir unser
Leben in der Gesellschaft von Plagen, lassen Begierde
für die angenehmen Dinge entstehen und Zorn für die
unangenehmen. Das setzen wir sogar fort, wenn wir
träumen: Unfähig zu entspannen, bleibt der Geist ganz
und gar und ununterbrochen vermischt mit Gedanken
von Begierde und Hass. *Tantra, 27*

Von falscher Anhaftung lösen

Geld und Reichtum sind nur untergeordnete Quellen
des Glücks und keinesfalls das Glück selbst, sie sind
nicht Mittel für unmittelbares Glück. Glück kann sich
nur in uns selbst entwickeln; kein Mensch kann uns
das Glück als solches in die Hand geben. Die entschei-
dende Quelle ist innere Ruhe und Ausgeglichenheit
oder seelischer Friede. Es hängt nicht von äußeren Bedingungen ab. Es spielt auch keine Rolle, ob uns hoch
entwickelte technische Mittel zur Verfügung stehen,
wir eine gute Ausbildung genossen haben oder ein sozial
und materiell erfolgreiches Leben führen; entscheidend
ist unser inneres Selbstvertrauen. *Pfad, 36*

Entscheidung für das Wichtige

Es wäre hilfreich, einen Moment innezuhalten und
sich zu fragen: »Was tue ich da eigentlich? Warum tue
ich es?« Und dann sehen, ob all dieses Geld wirklich
notwendig ist, ob die Aktivitäten, dieses Vermehren,

wirklich nutzbringend sind. Dieser einfache Akt des
Nachdenkens und des Innehaltens kann wirksam sein.
Daher lautet meines Erachtens die wichtigste Frage:
»Was ist meine grundlegende Sicht des Lebens?« Wenn
Ihre grundlegende Lebensanschauung ist: »Ja, Geld ist
wichtig, aber es gibt noch andere Faktoren, die genauso
wichtig oder vielleicht sogar noch wichtiger für das
Wohl sind«, dann, denke ich, werden Sie ein glücklich-
eres Leben führen. *Regeln, 65f*

> Ohne diese gesunden Gefühle
> von Güte und Mitgefühl wird es
> keinen Frieden in Ihnen geben.

Sich vervollständigen

Die Individualität ist sehr wichtig für ein erfülltes
menschliches Leben und dazu gehören etwas Freizeit,
Urlaub und Zeit, die man mit der Familie und mit
Freunden verbringt. Das sind die Mittel, ein vollständi-
ges Leben zu führen. Wenn ein Mensch nur ans Geld
denkt und das auf Kosten menschlicher Werte, guter
menschlicher Eigenschaften – dann: nein. Wenn Ihr
Leben lediglich ein Mittel zur Produktion ist, dann
werden viele der guten menschlichen Eigenschaften
und Merkmale verloren gehen – dann werden Sie nicht,
können Sie nicht ein vollständiger Mensch sein. *Regeln 154f*

Inneren Frieden schaffen

Sie mögen reich, mächtig und wohlerzogen sein, aber ohne diese gesunden Gefühle von Güte und Mitgefühl wird es keinen Frieden in Ihnen geben, keinen Frieden in Ihrer Familie – sogar Ihre Kinder werden leiden. Güte und Freundlichkeit sind für inneren Frieden unentbehrlich. *Glück, 13*

Weitherzig

Wir sollten uns Gedanken machen, wie wir auch für diejenigen ein offenes Herz haben können, die wir normalerweise beneiden, weil sie sich an Reichtum und einem Leben im Luxus erfreuen. Aufgrund einer immer tieferen Einsicht in die Natur des Leids, die wir aus unseren Meditationssitzungen gewinnen, können wir auch solchen Menschen Mitgefühl entgegenbringen. *Mit weitem Herzen*

Relevanz

Anstatt einzig und allein für die Anhäufung von Wohlstand zu arbeiten, sollten wir etwas Bedeutungsvolleres tun, etwas, das aufrichtig und ausdrücklich das Wohlergehen der gesamten Menschheit zum Ziel hat. *Liebe, 16*

Disziplin

Die Maßlosigkeit des eigenen Ich bringt Fehlentwicklungen mit sich, die immer im Schlechten enden. Umgekehrt kann ein in sich gefestigtes Ich, das sich seiner selbst sicher ist, etwas sehr Positives sein: Wir sollten ein gesundes Vertrauen in uns selbst besitzen. *Tag, 211*

Zeitgebunden
Wie hoch auch Ihr sozialer Status oder Ihre Position sein
mag, Sie werden schließlich fallen müssen. Um mich
selbst genau daran zu erinnern, wenn ich einen hohen
Thron besteige, von dem aus ich lehre, rezitiere ich
für mich in dem Moment, wo ich mich hinsetze, die
Worte aus dem Sutra des Diamantenschleifers über die
Vergänglichkeit: »Betrachte die Dinge, die aus Ursachen
zusammengesetzt sind, wie einen funkelnden Stern,
wie ein Phantasieprodukt, das man aufgrund einer
Augenkrankheit sieht, wie das flackernde Licht einer
Butterlampe, wie eine magische Täuschung, wie Tau,
Seifenblasen, Träume, Blitze oder Wolken.« Ich denke
dabei über die Zerbrechlichkeit von verursachten Phä-
nomenen nach und schnipse dann mit meinen Fingern:
Der kurze Ton symbolisiert die Vergänglichkeit. So
erinnere ich mich daran, dass ich bald von dem hohen
Thron wieder herabsteigen werde. *Liebe, 73f*

Sofern wir nicht lernen zu sagen,
»das genügt mir jetzt«, können wir
niemals wahrhaft zufrieden sein. *Glücksregeln*

V

Im Geist der Liebe

Die allen gemeinsame Sehnsucht

Sind wir uns nicht darüber einig, dass Liebe eine wichtige Rolle im menschlichen Leben spielt? Sie tröstet, wenn man hilflos und verzweifelt ist, und sie tröstet, wenn man alt und einsam ist. Sie ist eine dynamische Kraft, die wir entwickeln und anwenden sollten, aber oft neigen wir dazu, sie zu vernachlässigen, vor allem in unserer Jugend, wenn wir uns in einem falschen Sicherheitsgefühl wiegen. Die logische Grundlage dafür, andere zu lieben, ist die Erkenntnis der einfachen Tatsache, dass jedes lebende Wesen denselben Wunsch nach Glück und einem Ende des Leidens hat und dass sie alle auch dasselbe Recht darauf haben. *Ansprache 1973*

Liebende Fürsorge

Ohne Dankbarkeit und Wertschätzung für Güte und Freundlichkeit bricht unsere Gesellschaft zusammen. Die menschliche Gemeinschaft existiert, weil es unmöglich ist, in vollständiger Isolation zu leben. Von Natur aus sind wir voneinander abhängig, und da wir zusammenleben müssen, sollten wir dies mit einer positiven Haltung der Fürsorge füreinander tun. Das Ziel der menschlichen Gesellschaft muss der mitfühlende Fortschritt für alle sein, von einem Leben zum nächsten. *Liebe, 71*

Aus Achtsamkeit

Jeder von uns trägt für die gesamte Menschheit Verantwortung. Es ist an der Zeit, dass wir andere Menschen tatsächlich als Brüder und Schwestern betrachten, dass wir uns um ihr Wohlergehen kümmern, dass wir ihren Kummer, ihr Leiden lindern. Auch wenn Sie nicht vollkommen selbstlos sein können, sollten Sie nicht achtlos über die Interessen anderer Menschen hinweggehen. Wir sollten alle die Zukunft und das Wohl der Menschheit mehr in Betracht ziehen. *Achtsamkeit, 18*

Ohne Dankbarkeit und Wertschätzung für Güte und Freundlichkeit bricht unsere Gesellschaft zusammen.

Menschlich bleiben

Ganz gleich, wie mächtig ein Mensch sein mag, ohne menschliche Gefährten kann er nicht überleben. Und ganz bestimmt kann er ohne Freunde kein glückliches oder erfülltes Leben führen. Sind Sie also in Ihrer Arbeit warmherzig und voller menschlicher Zuneigung, so wird Ihr Geist ruhiger und friedlicher, und Sie werden dadurch eine gewisse Stärke gewinnen. Zudem werden Ihre geistigen Fähigkeiten besser zum Tragen kommen können, Sie werden über ein besseres Urteilsvermögen und mehr Entschlusskraft verfügen. *Glücksregeln*

Symbiotisch

Allein für sein Überleben ist unser Körper auf die Liebe und Zuneigung anderer angewiesen, was wir dann ebenso mit Liebe und Zuneigung beantworten. Obwohl mit Anhaftung vermischt, entsteht diese Liebe und Zuneigung nicht aus körperlicher oder sexueller Anziehung heraus. Und obwohl diese Art von Zuneigung nicht unvoreingenommen ist, kann sie erweitert werden, um schließlich alle Lebewesen zu umfassen, wodurch sie dann unvoreingenommen wird. So wird der Kreis der Liebe ausgeweitet. *Liebe, 49*

Liebe ist die Quelle unseres Lebens.

Voraussetzung

Wie das Glätten einer Wand, bevor man ein Fresko malt, oder wie das Vorbereiten eines Ackerbodens für die Aussaat bereitet die Entwicklung eines echten Gleichmutes den Grund für den ersten Schritt auf dem Weg zur Liebe, welcher ist, alle Lebewesen als die beste Freundin oder den besten Freund zu erkennen. Nun wird die Entwicklung von Gleichmut als Fundament für die Liebe dienen. *Liebe, 46*

Mitfühlend

Selbst eine kleine Erfahrung von Uneigennützigkeit und Nächstenliebe bringt sofort ein gewisses Maß an geistigem Frieden. Uneigennützigkeit und Nächstenliebe bilden das Herz von guten Handlungen, ebenso wie große Liebe und großes Mitgefühl. Ein wirklich uneigennütziger und nächstenliebender Mensch wird durch das Leiden jedes einzelnen Lebewesens ergriffen und wünscht sich, die Lebewesen zum Glück und zu den Ursachen des Glücks zu führen und sie vom Leiden und den Ursachen des Leidens zu befreien. *Liebe, 82*

Warmherzig

Schon ein Kind spürt, wie wichtig die Liebe für den Menschen ist. Ob man Mitgefühl und liebende Hinwendung erfährt oder nicht, das merkt man bereits am Anfang seines Lebens. Liebe ist die Quelle unseres Lebens. Sie ist für den Menschen so wichtig wie das Wasser für den Fisch. *Mitgefühl, 85*

Aufmerksam und hilfsbereit

Kluge und weise Menschen denken an andere, helfen anderen, so gut es geht, und das Ergebnis ist Glück. Liebe und Mitgefühl sind sowohl für Sie selbst als auch für die anderen von Nutzen. Durch Güte und Freundlichkeit den anderen gegenüber werden Sie Ihren Geist und Ihr Herz für den Frieden öffnen können. *Liebe, 15*

Ein weites Herz

Eines ist ziemlich klar: Als Menschen brauchen wir Freunde, und Freunde gewinnt man nicht durch Streitereien, Wut oder Eifersucht. Die einzige Eigenschaft, die echte Freundschaft anzieht, ist Zuneigung. *Dzogchen*

Egoistisch

Dort, wo eine zu starke Bindung oder gar das Klammern an eine Person vorherrscht, wo die Beziehung zu einem Menschen durch ein übermäßiges »Ich liebe diesen Menschen, ich will ihn vollständig ergreifen« bestimmt wird, ist Selbsterkenntnis nicht möglich. *Tag, 42*

Die einzige Eigenschaft, die echte Freundschaft anzieht, ist Zuneigung.

Abwägen

Es gibt Momente, in denen man durch Worte in Menschen eine weitreichende Wirkung hervorruft. Es gibt aber auch Momente, in denen man eine ebenso bedeutende Wirkung durch Schweigen schafft. *Tag, 19*

Anteil nehmen

Fähig zu sein, an der Freude anderer teilzuhaben und darin sogar aufrichtiges Vergnügen zu finden, ist etwas, das die Zustimmung der Buddhas findet. Außerdem ist es die beste Art und Weise, Freundschaft zu begründen. Selbst unsere Feinde werden diese Eigenschaft an uns schätzen. *Frieden, 104*

Ohne Vorbehalt

Mehr als jede andere Tugend betont der Buddhismus Uneigennützigkeit, die in Liebe und heilender Hinwendung Ausdruck findet. Heilende Hinwendung ist wichtig, ob man nun gläubig ist oder nicht, denn jeder fühlt und erlebt die Bedeutung der Liebe. *Logik, 61*

Erfordernis

In der gegenwärtigen Weltlage ist die Notwendigkeit, ein großes Maß an Einigkeit unter den Anhängern der verschiedenen Religionen zu entwickeln, besonders wichtig geworden. Zudem ist eine solche Einigkeit kein unmögliches Ziel. *Yoga, 93*

Verschiedene Wege zum Ziel

Alle Religionen betonen die Tatsache, dass ein wirklicher Anhänger seiner Religion ehrlich und aufrecht sein sollte, mit anderen Worten, ein wirklich religiöser Mensch sollte immer danach streben, ein besserer Mensch zu werden. Die verschiedenen Weltreligionen vertreten nun unterschiedliche Lehren, die uns bei unserer Veränderung helfen sollen. Unter diesem Aspekt betrachtet sind alle Religionen gleich, es existiert kein Konflikt zwischen ihnen. Dies sollten wir betonen. *Bodhgaya, 14*

Aus gleichem Sinn

Das wichtigste Ziel der verschiedenen Religionen besteht darin, positive Empfindungen zu erzeugen, positive menschliche Eigenschaften zu verstärken und negative zu verringern. Daher lehrt uns jede große Religion Liebe, Mitgefühl, Vergebung und ein Gefühl von Brüderlichkeit und Schwesterlichkeit. *Das Herz der Liebe*

Not wendend

Mitgefühl ist etwas wirklich Erstrebenswertes. Das ist nicht nur eine religiöse oder spirituelle Angelegenheit und keine Frage ideologischer Auffassung. Mitgefühl ist kein Luxus, sondern absolute Notwendigkeit. *Welt, 37*

Achtung und Wertschätzung

Liebe zu anderen und der Respekt vor ihrer Würde und ihren Rechten, gleichgültig, wer oder was sie sind, das ist letztlich alles, was wir brauchen. Praktizieren wir das in unserem Alltag, dann spielt es keine Rolle, ob wir gebildet oder ungebildet sind, ob wir an Buddha oder an Gott glauben, ob wir uns überhaupt einer Religion zugehörig fühlen oder nicht – solange wir Mitgefühl zeigen und uns aus Verantwortungsbewusstsein selbst beschränken, werden wir glücklich sein. *Menschlichkeit*

Mitgefühl ist kein Luxus,
sondern absolute Notwendigkeit.

Zum Wohle der Menschheit

Ich denke, wenn wir über menschliche Werte, Mitgefühl
und so weiter sprechen, so sollten wir nie vergessen,
dass dies nicht nur religiöse Themen sind. [...] Diese
Dinge sind nicht deshalb wichtig, weil einige religiöse
Texte das behaupten, sondern weil tatsächlich unser
Glück davon abhängt. Solche Geistesverfassungen wie
Mitgefühl und menschliche Zuneigung dienen unserem
Wohlergehen, indem sie eine positive Auswirkung auf
unsere körperliche, geistige und emotionale Gesundheit
haben, auf unsere Beziehungen bei der Arbeit und zu
Hause. Sie dienen damit letztlich auch dem Wohlerge-
hen der Gesellschaft. Und sie dienen unserem eigenen
Wohlergehen. *Glücksregeln*

Der innere Kern

Auch lässt sich nicht bestreiten, dass unser Glück un-
auflöslich mit dem Glück der anderen zusammenhängt:
Wir selbst leiden, wenn die Gemeinschaft leidet, und
es geht uns umso schlechter, je mehr unser Herz und
unser Kopf von Böswilligkeit blockiert werden. Daher
können wir alles andere von uns weisen: Religionen,
Weltanschauungen, Ideologien, alle Weisheit und alles
Wissen dieser Welt, doch um Liebe und Mitgefühl
kommen wir nicht herum. *Menschlichkeit*

Unser Hirn und unser Herz ist unser Tempel, Güte unsere Philosophie.

Den Glauben leben

Für diejenigen, die sich einer Glaubensrichtung verbunden und verpflichtet fühlen, möchte ich nochmals
betonen, dass, wenn man einmal einen bestimmten
Glauben für sich angenommen hat, man dessen Lehre
und Maxime, so weit es nur geht, anwenden und befol-
gen sollte. Die Lehrsätze und Gebote des jeweiligen
Glaubens sollten als integrale Bestandteile in das eigene
tägliche Leben eingebunden werden. Hat man dies
einmal getan, wird über die Zeit, im Verlauf der Jahre,
eine allmähliche innere Transformation stattfinden,
die nur von Vorteil sein kann. Das bloße Heruntersagen
von Gebeten, irgendwelchen Sprüchen oder Mantras
wird nichts bewirken. *Pfad, 125*

Genügsam

Das ist meine Religion. Sie ist sehr einfach. Tempel?
– Nicht nötig. Komplizierte philosophische Systeme? –
Nicht nötig. Unser Hirn und unser Herz ist unser
Tempel, Güte unsere Philosophie. *Achtsamkeit, 18*

Botschaft an alle

Eines jedoch verbindet alle Religionen oder Glaubenssysteme, ihre gemeinsame Botschaft an die ganze Menschheit: Sei ein guter Mensch, und entwickle Herzensgüte, ein gutes, mitfühlendes Herz. *Dzogchen*

*Sei ein guter Mensch,
und entwickle Herzensgüte,
ein gutes, mitfühlendes Herz.*

VI

Mitgefühl –
das globale Hauptnahrungsmittel

Menschliche Qualitäten

Lassen Sie uns über das wahrhaft Wertvolle im Leben nachdenken. Was verleiht unserer Existenz Bedeutung? Worauf sollten wir unsere Prioritäten gründen? Der Sinn und Zweck des Lebens muss etwas Positives in sich tragen. Wir wurden nicht dazu geboren, anderen zu schaden und ihnen Probleme zu bereiten. Um unserer Existenz einen Wert zu verleihen, müssen wir gute menschliche Qualitäten entfalten: Herzenswärme, Güte und Mitgefühl. Dann wird unser Leben sinnvoll, friedvoller und glücklicher. *Regeln, 73*

Der Sinn und Zweck des Lebens muss etwas Positives in sich tragen.

Gemeinschaft der Menschen

Die verzweifelte Lage unserer Welt ruft uns zum Handeln auf. Jeder von uns hat auf der tieferen Ebene unserer gemeinsamen Menschlichkeit eine Verantwortung und muss versuchen, zu helfen. Es ist unsere Verantwortung – aus Liebe und Mitgefühl für die Menschheit –, nach Harmonie zwischen Nationen, Ideologien, Kulturen, ethnischen Gruppen und auch wirtschaftlichen und politischen Systemen zu streben. Wenn wir wirklich die Einheit der gesamten Menschheit anerkennen, wird unser Antrieb, Frieden zu finden, stärker werden. *Glück, 16f*

Innerlich verarmt

Wenn die wirtschaftliche Entwicklung erfolgreich wäre, so meinte man, wären viele gesellschaftliche Probleme gelöst. Aber auch als sich die Bedingungen besserten, blieb dieses Denken. Man hatte die Entwicklung innerer Werte vernachlässigt, und dies ist, so denke ich, die Folge davon. Man könnte auch sagen, diese Art zu denken ist eine Folge oder ein Nebeneffekt der Unfähigkeit, den Wert des inneren Potenzials oder der inneren Werte wie Mitgefühl, Toleranz und menschliche Zuneigung zu erkennen. *Glücksregeln, 62f*

Das einzige Mittel

Aufgrund dieser überaus komplexen gegenseitigen Abhängigkeit ist heutzutage jede Krise auf diesem Planeten mit jeder weiteren verknüpft – wie in einer Kettenreaktion. [...] Für die Zukunft der Menschheit ist es darum wichtiger als je zuvor, dass wir ein echtes Gefühl von Brüderlichkeit und Schwesterlichkeit entwickeln. Meist nenne ich das ein Gefühl von »universaler Verantwortung«. *Dzogchen*

Aufeinander angewiesen

Wir können gezielt darüber nachdenken, dass wir, erstens, soziale Wesen sind und für unser Überleben aufeinander angewiesen sind. Zweitens sind die Interessen und das Wohl aller Menschen stark miteinander verknüpft, besonders in der modernen Welt. Die Welt wird mit jedem Tag kleiner. Wir werden immer abhängiger voneinander, und unser eigenes Wohlergehen hängt immer mehr vom Wohlergehen der Menschen um uns herum ab. Und drittens können wir über unsere grundlegende Gleichheit als menschliche Wesen nachdenken und über die Vorstellung, dass jeder von uns Glück erlangen und Leid vermeiden möchte. *Welt, 372*

Starke Wirkung

Wenn Sie sich in Ihrem täglichen Leben bewusst sind, dass Sie in Ihrem Inneren gute Eigenschaften besitzen – wie Mitgefühl, die Fähigkeit zur Vergebung oder das Vermögen, die Dinge aus einer erweiterten Perspektive zu sehen –, dann können äußere Faktoren dem inneren geistigen Frieden nichts anhaben, seien die Umstände noch so schwierig. Das gilt selbst dann, wenn Sie von Feindseligkeit umgeben sind. Deswegen ist das Mitgefühl die Quelle des Glücks. Ich glaube deshalb, dass die innere geistige Einstellung der wichtigste Faktor für Glück oder Unglück ist. *Ansprache 1995*

Der Weg

Was ist Mitgefühl? – Der Wunsch, dass andere frei sein mögen von Leid. Mitgefühl ermöglicht es uns, nach Erleuchtung zu streben. Mitgefühl motiviert und inspiriert uns zur Ausübung jener heilsamen Praktiken, die zur Buddhaschaft führen. Daher sollten wir großen Eifer daransetzen, wirkliches Mitgefühl zu entwickeln.

Mit weitem Herzen

Mitgefühl ist der Schlüssel zur Freundschaft.

Voraussetzung

Mitgefühl ist nicht nur der Schlüssel zur Freundschaft zwischen Individuen, es ist auch der Schlüssel zum Frieden zwischen Völkern und Nationen. Frieden in der Welt kann nur aus dem inneren Frieden der einzelnen Menschen entstehen. Ohne inneren Frieden des Einzelnen ist ein allgemeiner Frieden nicht zu haben. Deswegen kann kein Zweifel darüber bestehen, dass der Weltfrieden bei jedem Einzelnen beginnen muss.

Sieh, 28f

Ohne Ausnahme

Wir denken oft, Mitgefühl richte sich nur gegen die Menschen, die schlechter dran sind als man selbst – Menschen, die weniger Glück hatten, die arm oder in schwierigen Lebensumständen sind. Hier ist Mitgefühl natürlich vollkommen angemessen. Aber wenn ein Mensch reicher als man selbst oder berühmt ist oder sich anderer glücklicher Umstände erfreut, haben wir das Gefühl, er sei kein geeigneter Adressat für unser Mitgefühl. Unser Mitgefühl versiegt und vielleicht empfinden wir sogar Neid. Aber wenn wir näher hinschauen, so sind diese Menschen, ganz gleich, wie reich oder berühmt sie sind, doch auch nur Menschen wie Sie selbst – den Veränderungen des Lebens unterworfen, dem Alter, Krankheiten, Verlusten und so weiter. Selbst wenn es nach außen hin nicht ersichtlich ist, so werden auch sie früher oder später dem Leiden unterworfen sein. Auf dieser Basis, als unsere Mitmenschen, verdienen sie unser Mitgefühl. *Glücksregeln, 52*

Unser Menschsein – unsere gemeinsame Menschlichkeit – ist die unmittelbare Verbindung mit meinem Gegenüber.

Auch hierin nicht vollkommen

Die meisten Menschen sind eine Mischung aus guten und schlechten Qualitäten – es ist sehr schwer, jemanden zu finden, der in jeder Hinsicht schlecht ist. *Glück, 96*

Den Nächsten achten

In meinem persönlichen Umgang mit Menschen, ob das nun Präsidenten, einflussreiche Geschäftsleute, Bettler, Aidskranke oder gewöhnliche Menschen sind, ist unser Menschsein – unsere gemeinsame Menschlichkeit – die unmittelbare Verbindung mit meinem Gegenüber. Das ist die Ebene, auf der ich versuche, anderen Menschen zu begegnen. Das ist es, was es mir erlaubt, eine tiefe Verbundenheit mit den anderen zu spüren. Das ist der Schlüssel. *Welt, 367*

Haltung

Da Geduld und Toleranz auf der Fähigkeit beruhen, standhaft und fest zu bleiben und sich nicht von widrigen Situationen oder Umständen überwältigen zu lassen, sollten Sie Geduld oder Toleranz nicht als Zeichen von Schwäche oder Nachgiebigkeit, sondern vielmehr als Zeichen der Stärke und Standhaftigkeit betrachten. Auf eine schwierige Situation mit Geduld und Toleranz statt mit Zorn und Hass zu reagieren erfordert aktive Zurückhaltung, die einem starken, disziplinierten Geist entspringt. *Regeln, 259f*

Die Konsequenzen bedenken

In schwierigen persönlichen Umständen besteht die beste Zuflucht darin, so ehrlich und aufrichtig zu sein wie möglich. Indem Sie barsch oder selbstsüchtig reagieren, verschlimmern Sie die Angelegenheit einfach nur. Sie sollten erkennen, dass schwierige gegenwärtige Umstände vollständig von vergangenen unheilsamen Handlungen verursacht sind. Tun Sie daher Ihr Möglichstes, jetzt ein Verhalten zu vermeiden, das Ihre Last später nur erschweren wird. *Glück, 37*

Nicht tragfähig

Harmonie kann nicht in einem Klima von Misstrauen, Betrug, Unterdrückung oder gnadenlosem Wettbewerb gedeihen. Erfolg durch Einschüchterung und Gewalt ist bestenfalls vorübergehend; sein oberflächlicher Nutzen schafft nur neue Probleme. *Glück, 17*

Maßgebend

Mitgefühl gehört, wie wir gesehen haben, zu jenen elementaren Dingen, die unserem Leben Sinn verleihen. Es ist die Quelle der Freude und allen dauerhaften Glücks. Und es bildet das Fundament für ein gutes Herz – für eines, das aus dem Bedürfnis heraus handelt, anderen helfen zu wollen. *Menschlichkeit*

Die Frucht des Guten

Interesse und Fürsorge für andere zu entwickeln hat eine unermessliche Kraft, unseren Geist umzuwandeln. Wenn wir uns im Mitgefühl für alle Lebewesen üben, einschließlich der Tiere, dann wird uns der ebenso grenzenlose Verdienst zukommen. *Glück, 67*

Erlernbar

Ich bezeichne Mitgefühl als das globale Hauptnahrungs-mittel. Menschen möchten Glück erreichen und Leid vermeiden. Geistiger Friede ist ein grundlegendes Bedürfnis für die gesamte Menschheit. Für Politiker, Ingenieure, Wissenschaftler, Hausfrauen und -männer, Doktoren, Lehrer und Rechtsanwälte – für alle Men-schen, was immer ihr Bestreben ist – ist eine gesunde mitfühlende Motivation die Grundlage für spirituelles Wachstum. *Glück, 19*

Wir brauchen einander

Als kleine Kinder sind wir vollständig auf die Güte und Freundlichkeit unserer Eltern angewiesen. Im Alter wiederum hängen wir von der Güte und Freundlichkeit anderer Menschen ab. Zwischen Kindheit und Alter glauben wir irrtümlicherweise, dass wir unabhängig seien. Das ist aber nicht der Fall. *Liebe, 71*

Eine gesunde mitfühlende Motivation ist die Grundlage für spirituelles Wachstum.

Sich zurücknehmen, sich zuwenden

Die gute innere Einstellung, von der hier die Rede ist, drückt sich darin aus, dass ich mich in einer Situation, wo ich vor die Wahl zwischen meinem eigenen Wohl und dem der anderen gestellt bin, für das Wohlergehen der anderen entscheide. Dieses liebevolle Sorgen um die Interessen anderer kann nicht sofort gelernt werden, es muss geübt werden. *Logik, 62f*

Man sollte das Geben üben mit einem Lächeln und innerer Stärke.

Wirkung

Ein Mensch, der über ein großes Maß an Geduld und Toleranz verfügt, bringt dadurch ein gewisses Maß von Ausgeglichenheit und Ruhe in sein Leben. Solch ein Mensch ist nicht nur glücklicher und emotional gefestigter, sondern scheint auch körperlicher gesünder zu sein und weniger Krankheiten zu bekommen. Er oder sie verfügt über einen starken Willen, einen gesunden Appetit und kann mit ruhigem Gewissen schlafen. *Tag, 204*

Chance

Wenn wir uns jeden Tag aufmerksam und aufrichtig
prüfen und unsere Gedanken sowie die Beweggründe
unseres Handelns betrachten, kann in uns die Möglichkeit für eine Wandlung zum Positiven entstehen. *Tag, 198*

Qualität

Wenn wir geben, sollen wir dies mit großer Fröhlichkeit
und einem strahlenden Gesicht tun. Man sollte das
Geben üben mit einem Lächeln und innerer Stärke. *Tag, 85*

Selbstkontrolle

Vom frühen Morgen bis zum Abend und in allen Situationen des Lebens versuche ich stets, meine Motivation
zu überprüfen und dabei ehrlich zu mir selbst zu sein.
Ich empfinde dies als eine große Hilfe in meinem eigenen
Leben. *Tag, 198*

Beständiges Glühen

Echtes Mitgefühl hat die Intensität und Spontaneität
einer liebenden Mutter, die sich um ihr krankes kleines
Kind kümmert. Von morgens bis abends durchdringt
die Sorge um das Kind all ihr Denken und Handeln. Wir
bemühen uns, jedem einzelnen Wesen gegenüber solch
eine Einstellung zu entwickeln. Machen wir diese Erfahrung, so haben wir »großes Mitgefühl« hervorgebracht.

Mit weitem Herzen

VII

Auf den Bergen des Leidens

Bürde des Menschseins

Am Anfang unseres Lebens steht die Geburt, bei der wir leiden, und am Ende unseres Lebens steht der Tod, bei dem wir ebenso leiden. Zwischen diesen beiden stehen Alter und Krankheit. Wie reich und wie gesund wir auch sein mögen, wir haben keine andere Wahl, als diese Lebenssituationen zu durchleiden. *Glück, 34*

Nicht nur ich

Wenn wir es mit Problemen zu tun haben, herrscht da manchmal ein Gefühl, als ob wir gezielt für dieses Unglück ausgesucht worden wären. Das ist eine Art von einengender Sichtweise. Es ist, als ob unsere Welt zusammenschrumpfte, und wir fühlen uns alleine und isoliert. Wenn wir uns aber daran erinnern, dass es auch andere Menschen gibt, die Ähnliches erlitten haben oder jetzt gerade durchzustehen haben, dass wir also nicht alleine sind, und wenn wir vielleicht unsere Hände ausstrecken und diese Menschen um Unterstützung bitten, dann kann das meiner Meinung nach sehr hilfreich sein. *Welt, 274*

Geist und Leib

Wir alle kennen Situationen, in denen wir uns geistig so wohl fühlen, dass wir unter den gleichzeitig auftretenden körperlichen Problemen überhaupt nicht leiden. Man kann sagen, dass in solchen Zuständen das geistige Glück unsere körperlichen Leiden überstrahlt. Wie aber, wenn wir uns körperlich sehr wohl fühlen, dabei aber im Geiste bedrückt, niedergeschlagen und mutlos sind? In solchen Fällen bleibt unser leibliches Wohlbefinden ohnmächtig. Auch die angenehmsten körperlichen Empfindungen vermögen unser geistiges Leiden nicht zu lindern. Daraus können wir erkennen, dass die geistige Ebene unseres Lebens seiner leiblichen Ebene vorgeordnet ist. Sieh

Wenn wir Schmerzen spüren, können wir diese Schmerzen nicht einfach beseitigen. Wir können aber diese Situation akzeptieren.

Reaktionsvermögen

Zustände wie Angst, Stress und Sorgen sind innere Zustände, wohingegen die gesellschaftlichen Bedingungen äußerer Natur sind und somit nicht direkt unseren Stress verursachen. Stress und diese negativen Geisteszustände haben mit unserer eigenen Reaktion auf diese äußeren Bedingungen zu tun und weisen auf eine gewisse Unfähigkeit hin, mit unserer Umgebung und den äußeren Umständen zurechtzukommen. Welt, 236

Annehmen, was ist

Wenn wir Schmerzen spüren, können wir diese Schmerzen nicht einfach beseitigen. Wir können aber diese Situation akzeptieren und »Ja« zu ihr sagen. Vielleicht können wir sie sogar als etwas Wertvolles betrachten, das im Zusammenhang unseres Lebens Sinn macht. Wenn wir auf diese Weise freiwillig unser körperliches Leiden auf uns nehmen, kann dies dazu führen, dass unsere innere Kraft gestärkt wird. Auch daran wird der große Einfluss unserer inneren Haltung auf unsere gesamte Lebendigkeit erkennbar. *Sieh*

Ändere ich aber die Perspektive, so erkenne ich neue Möglichkeiten.

Notgedrungen

Wenn wir unsere Sorge zu sehr auf uns selbst beschränken und uns nur um uns selbst drehen, kann uns das behindern, Probleme verursachen und unsere Leiden aufbauschen. Meine Halsentzündung stellt kein eigentliches Problem dar. Konzentriere ich mich aber zu sehr auf mich selbst und denke ständig »Ach, was ist diese Entzündung doch für ein Problem! Warum muss ich mich bloß damit herumplagen?«, dann führt das lediglich dazu, die Situation zu übertreiben, und dann wird wirklich ein Problem daraus. Wenn sich unsere Sichtweise derart einengt, dass wir unsere ganze Aufmerksamkeit nur auf das eine Problem oder tragische Ereignis legen, dann können wir davon überwältigt werden, selbst wenn es sich in Wirklichkeit um ein überwindbares Problem handelt. [...] Und indem ich mich daran erinnere, dass Probleme und Leiden zwangsläufig immer wieder entstehen, kann ich das von einem anderen Standpunkt aus betrachten und erkennen, dass ich mit Sicherheit eine ganz bestimmte Anzahl von Halsentzündungen haben werde, solange ich diesen Körper hier habe. So sieht die Realität aus. *Welt, 273*

Ausweg

So geht es mit allem, was uns bekümmert: Starre ich nur wie gebannt auf das »Negative«, dann leide ich unter ihm und verharre im Leiden. Ändere ich aber die Perspektive, so erkenne ich neue Möglichkeiten und bin motiviert, tätig zu werden und zu handeln. *Sieh, 27*

Fundamental

Auf welchen Weg soll man sich begeben, um das Leid überwinden zu können? Da das Übel hauptsächlich vom Bewusstsein kommt, müssen die Mittel zur Überwindung des Übels in den betreffenden Bewusstseinszuständen gesucht werden. Man muss die wirklichen Existenzbedingungen aller Erscheinungen erkennen, am wichtigsten ist es aber, die letztgültige Wirklichkeit des Geistes zu erfassen. *Logik, 47f*

Grundsätze

Wurzel des buddhistischen Denkens sind die Vier Edlen Wahrheiten – das wirkliche Leiden, seine Ursachen, seine Beendigung und der dafür zu beschreitende Weg. Am Anfang muss man die Krankheit erkennen und als solche bestimmen. Das ist die erste der Vier Edlen Wahrheiten. Zweitens ist es notwendig, die Ursachen der Krankheit zu erkennen, damit man die richtige Medizin einnehmen kann. Deshalb ist die zweite der Edlen Wahrheiten die Frage nach Ursachen oder Quellen des Leidens. Nun wäre es aber ungenügend, bei der Benennung der Ursachen stehen zu bleiben, sondern man muss vielmehr ergründen, ob es möglich ist, die Krankheit zu heilen. Das Wissen um die Möglichkeit der Heilung ist vergleichbar mit der dritten Ebene der wirklichen Überwindung des Leidens und seiner Ursachen. Damit ist das unerwünschte Leiden erkannt, und seine Ursachen sind bestimmt. Hat man einmal verstanden, dass die Krankheit heilbar ist, kann man Medizin als Mittel zur Beseitigung der Krankheit nehmen. In gleicher Weise soll man dem geistigen Weg zutrauen, dass er zur Freiheit vom Leiden führen kann.

Logik, 47f

Verursacher

Wenn wir genau reflektieren, dann erkennen wir, dass ein Großteil der Leiden in unserem Leben nicht von äußeren Ursachen hervorgerufen wird, sondern von inneren, wie etwa von negativen Emotionen. Und das beste Gegenmittel gegen solche inneren Störungen ist es, wenn wir unsere Fähigkeit verbessern, mit diesen Emotionen umzugehen, gleichzeitig aber auch lernen, mit unserer Umwelt und den äußeren Problemen zurechtzukommen. *Welt, 236*

Ein Großteil der Leiden in unserem Leben wird nicht von äußeren Ursachen hervorgerufen, sondern von inneren.

Bewertung

Jedenfalls wirkt sich die Art, wie wir das Leben als Ganzes wahrnehmen, auch auf unsere Einstellung zum Leid aus. Wenn unsere grundlegende Auffassung beispielsweise die ist, dass Leid negativ sei und um jeden Preis vermieden werden müsse, ja sogar in gewisser Hinsicht ein Zeichen des Scheiterns sei, dann wird dies zusätzlich eine psychologische Komponente der Angst und Intoleranz erzeugen, sobald wir auf schwierige Umstände treffen – ein Gefühl der Hilflosigkeit. *Regeln, 147*

Je tiefer wir das Leiden durchschauen, umso näher kommen wir dem Ziel der Befreiung vom Leiden. *Logik, 197*

Folgewirkung

Wenn wir die destruktiven Emotionen verringern, müssen wir auch daran arbeiten, das destruktive Verhalten zu überwinden, das mit ihnen einhergeht und das ebenfalls Leiden und Unglück hervorrufen kann. Wenn wir also positive geistige Qualitäten in uns entwickeln, müssen sich die inneren Veränderungen auch im äußeren Verhalten niederschlagen, wie wir mit den Menschen um uns herum umgehen. Das ist sehr wichtig. *Welt, 238*

Den Standpunkt verändern

Wenn wir unser Leiden reduzieren wollen, sind wir gut beraten, unsere innere Einstellung zu überprüfen und die Phänomene, die uns Leid verursachen, aus einer anderen Perspektive, aus einer größeren Distanz zu sehen. Wo uns dies gelingt, wird das Leiden – wenigstens auf der geistigen Ebene – abnehmen. Und gleichzeitig werden der Mut und die Entschlossenheit in uns wachsen, die Probleme, die unser Leiden verursachen, anzugehen und zu bezwingen. *Sieh, 27*

Gegenmittel

Aus buddhistischer Sicht sind positive Geisteszustände das Gegenmittel gegen die destruktiven oder Leid bringenden: Wenn die positive Emotion verstärkt wird, nimmt die Kraft und der Einfluss der negativen Emotion dementsprechend ab. Innerhalb buddhistischer Übung gibt es bestimmte positive Geistesfaktoren, die das

konkrete Gegenmittel gegen die dazugehörige negative
oder Leid bringende Emotion darstellen. Beispielsweise
ist Geduld oder Toleranz das Gegenmittel gegen Ärger,
Mitgefühl oder liebende Güte das Gegenmittel gegen
Hass, und Genügsamkeit oder bescheidenes Verlangen
das Gegenmittel gegen Gier und Habsucht usw. *Welt, 238*

Betrifft uns alle

Wir haben alle eine vergängliche und mit Leiden behaf-
tete Natur. Sobald wir erkennen, dass wir alle eine
Gemeinschaft bilden, die unter Mangel und Entbehrung
leidet, wird es völlig sinnlos, mit den anderen Streit
anzufangen. *Liebe, 111*

Vorsorge

Vor diesen vier Bergen, Geburt, Alter, Krankheit und
Tod, gibt es kein Entrinnen. Das Älterwerden verdrängt
die Jugend, Krankheit beeinträchtigt die Gesundheit,
der Verfall des Lebens hebt alle guten, dem Menschen
mitgegebenen Eigenschaften auf, und der Tod beendet
das Leben. Mit welchen Qualitäten wir auch ausgestattet
sein mögen, vor dem Tod können wir nicht weglaufen.
Wir können weder durch Reichtum oder Zauberei
noch durch das Wiederholen von Mantras und Gebeten
oder Medizin den Tod aufhalten. Deshalb sind wir gut
beraten, uns auf den Tod vorzubereiten. *Tag, 155*

Nachsicht üben

Wenn wir durch unsere Grundeinstellung akzeptieren, dass Leid ein natürlicher Bestandteil unserer Existenz ist, werden wir zweifellos viel toleranter gegenüber den Widrigkeiten des Lebens sein. Und ohne einen gewissen Grad an Toleranz dem Leid gegenüber wird unser Leben unglücklich. Als hätte man eine schlimme Nacht, die ewig währt und niemals zu enden scheint. *Regeln, 147*

Gleichbehandlung

Welcher von zehn kranken Menschen wünscht sich kein Glück? Natürlich keiner. Sie alle möchten von ihren Leiden befreit werden. Innerhalb der Übung in Uneigennützigkeit und Nächstenliebe gibt es keinen Grund für eine Ausnahme und keinen Grund, einen einzelnen Menschen besser zu behandeln und andere zu vernachlässigen. Allein auf dieser Welt gibt es mehr als sechs Milliarden Menschen, die, genau wie Sie selbst, Leiden vermeiden und Glück erlangen möchten. *Liebe, 111*

Wer ist wichtiger, Sie oder die anderen?

Sich nicht so wichtig nehmen

Wer ist wichtiger, Sie oder die anderen? Ich bin nur ein einzelner buddhistischer Mönch, doch die anderen Menschen sind unendlich viele. Die Schlussfolgerung hieraus ist deutlich: Wenn allen anderen auch nur ein geringfügiges Leiden zustößt, dann ist das Ausmaß des Leidens grenzenlos. Wenn jedoch nur mir selbst etwas zustößt, dann ist das lediglich auf einen einzelnen Menschen begrenzt. Wenn wir die anderen auf diese Weise betrachten, dann ist man selbst nicht mehr so wichtig. *Liebe, 111*

Lastverteilung

In der buddhistischen Praxis kann man sein persönliches Leid zur Stärkung des Mitgefühls einsetzen, [...] wenn man in Phasen von Krankheit, Schmerz oder Leid denkt: »Möge mein Leid stellvertretend für das aller anderen fühlenden Wesen stehen. Möge ich durch diese Erfahrung fähig sein, alle anderen Wesen zu retten, die vielleicht ähnliches Leid durchmachen müssen.« So nutzt man sein eigenes Leid für die Übung, das Leid anderer auf sich zu nehmen. *Regeln, 28*

Nivellierung

Eine ausgeglichene und geschickte Lebensweise, die Extreme vermeidet, ist ein sehr wichtiger Faktor im Alltag und wirkt sich auch auf die geistige Gesundheit und das emotionale Wachstum aus. Entdecken wir an uns selbst beispielsweise zunehmend Arroganz und Aufgeblasenheit, weil wir uns aufgrund unserer eingebildeten oder wirklichen Errungenschaften oder Qualitäten überschätzen, dann besteht das Gegenmittel darin, mehr über die eigenen Probleme und Leiden nachzudenken und die unbefriedigenden Aspekte der Existenz zu betrachten. Das wird dazu beitragen, uns von einem überhöhten Geisteszustand herunter und wieder mehr auf den Boden der Tatsachen zu bringen. *Regeln, 199f*

Eine uneigennützige Einstellung hilft dabei, unseren eigenen Schmerz schon jetzt zu lindern.

Im Augenblick

Wenn Sie nicht damit aufhören können, sich Sorgen zu machen über etwas, das in der Vergangenheit passiert ist, oder über etwas, das in der Zukunft geschehen könnte, verlagern Sie den Brennpunkt Ihrer Aufmerksamkeit auf Ihre Ein- und Ausatmung. *Tag, 173*

Eindeutig

Wenn die Tage länger werden und die Sonne intensiver,
wächst junges, frisches Gras und wir fühlen uns glücklich. Dagegen verwelken im Herbst die Blätter und eines
nach dem anderen fällt zu Boden. Wir sind traurig
darüber. Warum? Weil wir tief in unserem menschlichen
Wesen das Aufbauen, das Aufblühen und nicht die
Zerstörung und den Zerfall bevorzugen. *Tag, 10*

Milderung

Ich reflektierte täglich über Shantidevas Gebet: »Solange
der Raum besteht und solange es Lebewesen gibt,
so lange möchte auch ich dableiben, um all ihr Leiden
lindern zu helfen.« Die Verpflichtung zu Nächstenliebe
und Uneigennützigkeit mindert einige Ursachen für
Niedergeschlagenheit, indem sie diese Ursachen in einen
größeren Zusammenhang stellt. Eine eingeengte Perspektive macht selbst ein kleines Problem unerträglich.
Indem wir Interesse an allen fühlenden Wesen haben,
weitet sich unser Blickfeld, und wir werden realistischer.
Auf diese Weise hilft eine uneigennützige Einstellung
dabei, unseren eigenen Schmerz schon jetzt zu lindern.

Glück, 64

VIII

Die Energie der Hoffnung

Impulse

Der Einzelne könne doch nichts bewirken, entspricht nicht dem buddhistischen Weltbild. [...] Kleine Anstöße können eine Lawine ins Rollen bringen. Es ist der Bewusstseinswandel vieler, der Veränderungen hervorbringen kann. Dies gilt auch für den politischen Bereich.

Ansprache 1997

Differenzen

Optimismus bedeutet zu erkennen, dass jede Situation viele unterschiedliche Aspekte aufweist, und dass wir ein Problem nicht nur vom Standpunkt des Problems aus betrachten und lediglich die negativen Aspekte wahrnehmen, sondern auch nach positiven Aspekten und eventuellen Vorteilen Ausschau halten. Somit betrachten wir die gleiche Situation unter dem Aspekt von möglichen positiven Ergebnissen. Welt, 271

> *Kleine Anstöße können eine Lawine ins Rollen bringen.*

Abwägen

Wenn es uns möglich erscheint, das Problem zu lösen, dann sollten wir aktiv werden und die Lösung betreiben. Dann brauchen wir uns keine weiteren Sorgen zu machen, denn es gibt ja eine Perspektive zu seiner Lösung. Ist das Problem aber unlösbar oder unvermeidbar,

macht es ebenso wenig Sinn, sich deswegen zu viele
Sorgen zumachen. Tatsächlich vergrößern wir nur
unser Leiden, wenn wir zusätzlich zu den faktisch vor-
handenen Problemen nun auch noch auf der geistigen
Ebene in Frustration und Depression verfallen. *Sieh, 27*

Zuversicht

Unter keinen Umständen sollten Sie die Hoffnung
verlieren. Hoffnungslosigkeit ist ein echter Grund für
Misserfolg. Vergessen Sie nicht: Sie können jedes Problem
überwinden. Bleiben Sie auch dann gelassen, wenn die
äußere Umgebung verwirrt und verwickelt ist; das
wird keine große Wirkung auf Sie haben, wenn Ihr Geist
in Frieden ist. *Glück, 28*

Geduld

In den Momenten, in denen Sie sich am hoffnungsloses-
ten fühlen, ist es notwendig, kraftvolle Anstrengungen
zu unternehmen. Ein einziger Tropfen von etwas Süßem
kann den Geschmack von etwas sehr Bitterem noch
nicht verändern. Bei Misserfolgen müssen wir hartnäckig
bleiben. *Glück, 37*

Den Standpunkt verändern

Hier ist ein Problem. Wir haben dieses Problem vor
Augen – wir haben nur dieses Problem vor Augen. Indem
wir uns ganz auf dieses Problem konzentrieren, wird es
groß. Und je mehr wir uns auf es konzentrieren, desto
größer und ernsthafter starrt es uns an. Betrachten wir
das Problem aber aus der Ferne – mit größerer Distanz
und einer weiteren Perspektive –, dann erscheint es
uns kleiner und weniger bedrohlich. Und damit verbunden wachsen unser Zutrauen und unsere Hoffnung,
diesem Problem gewachsen zu sein.

Nehmen wir die Finger an der Hand: Der Ringfinger
erscheint Ihnen entweder lang oder kurz – je nachdem,
ob Sie ihn in Beziehung zum Mittelfinger oder zum
kleinen Finger sehen. An sich aber ist er weder lang noch
kurz. Er ist einfach nur, ganz gleich, wie er erscheint.
Sein Erscheinen aber richtet sich nach demjenigen,
dem er erscheint – nach dessen Perspektive und nach
der Beziehung, in der er jeweils wahrgenommen wird.
Und diese kann variieren, so dass wir denselben Finger
sowohl als »lang« als auch als »kurz« bezeichnen können.
So geht es uns mit allen Phänomenen dieser Welt. Sie
alle erscheinen uns relativ zu der Perspektive, aus der
wir uns ihnen zuwenden, und zu der Beziehung, in der
wir sie wahrnehmen. Umgekehrt weisen Phänomene
an sich verschiedene Aspekte auf, die es uns dann er-
lauben, unterschiedliche Perspektiven auf sie zu beziehen.

Sieh, 26

Entweder oder

Warum soll man sich sorgen, wenn sich ein Problem lösen lässt? Wenn es eine Lösung gibt, dann braucht man sich doch nicht zu ängstigen. Und wenn etwas unabänderlich ist, dann muss man sich fügen. Sorgen nehmen einem nur die nötige Kraft. Sie sind nutzlos. *Tag. 135*

Wenn wir anderen helfen, nimmt unser Vertrauen in uns selbst zu, und unsere Angst wird schwächer.

Selbsthilfe

Angst entsteht, wenn wir jedem Menschen mit Misstrauen begegnen. Ein wirksames Mittel, um Angst zu bekämpfen, besteht darin, sich weniger mit sich selbst, sondern mehr mit den anderen zu beschäftigen. Wenn wir die Schwierigkeiten anderer Menschen voll und ganz erkennen, dann verlieren unsere eigenen Ängste an Bedeutung. Wenn wir anderen helfen, nimmt unser Vertrauen in uns selbst zu, und unsere Angst wird schwächer. Natürlich muss unser Wunsch zu helfen echt sein. Wenn wir uns dadurch nur von unserem Unbehagen befreien wollen, dann wird uns das unweigerlich auf uns selbst und unsere Angst zurückwerfen. *Ansprache 1995*

Unterstützung

Es ist richtig, dass Vertrauen auf persönlicher Ebene zum eigenen Glück beitragen kann. Misstrauen kann zu einer argwöhnischen, ängstlichen Haltung und zu größerer geistiger Unruhe führen, während eine Haltung größeren Vertrauens zu einem gelasseneren und glücklicheren Geisteszustand beitragen kann. *Welt, 310*

Lebensbejahend

Gewiss gibt es keine Garantie für eine glückliche Zukunft. Wohl aber gibt es die Hoffnung auf Glück. In ihr leben wir tagein, tagaus. Hoffnung ist etwas Gutes. Hoffnung gibt unserem Leben Stärke. *Sieh, 25*

Hoffnung hilft

Ohne Hoffnung würde unser Leben seinen Bezug auf den Sinn verlieren. Wenn wir unsere Hoffnung aufgeben, wird unser Leben leer und flach – wird aber unser Leben leer und flach, verkürzen wir es auch. Deswegen ist die Hoffnung auf Glück, das Streben nach Glück, einer der wichtigsten Faktoren in unserem Leben. Wie macht sich diese Hoffnung in unserem Leben bemerkbar? Nach meiner Erfahrung artikuliert sie sich in einer inneren Stärke, in einer optimistischen Grundeinstellung, im Grundvertrauen in sich und die Welt. Wo wir diese Eigenschaften ausprägen, sind wir dem glücklichen und sinnvollen Leben schon ein großes Stück näher gekommen. *Sieh*

Hoffnung ist etwas Gutes.
Hoffnung gibt unserem Leben Stärke.

Im Strom der Zeit

Die Zeit hält nicht inne noch wartet sie, sondern fließt
ungehindert dahin. Dementsprechend schreitet auch
unser Leben immer weiter voran. Wenn etwas im Leben
misslingt oder uns ein Unglück widerfährt, können
wir uns nicht umwenden, die Zeit anhalten und von
Neuem beginnen. So gesehen gibt es keine echte zweite
Chance oder Gelegenheit. *Tag, 105*

Gewissheit

Der Himmel war da, bevor die Wolken ihn verhangen
haben, und er wird immer noch da sein, nachdem
die Wolken sich verzogen haben. Der Himmel ist sogar
dann noch gegenwärtig, wenn dichte Wolken jeden
Millimeter des für uns sichtbaren Himmels zu bedecken
scheinen. *Liebe, 32*

IX

Das Glück des inneren Friedens

Entspannung

Was treibt uns an? Gibt es in uns Hass oder Eifersucht? Sie sind Zerstörer des inneren Friedens. Wenn wir uns wirklich für den Frieden in der Welt einsetzen wollen, müssen wir uns darum bemühen, diese negativen und gefährlichen Emotionen loszuwerden und statt ihrer die positiven Emotionen wie Mitgefühl und Liebe zu stärken. Es geht also um eine Art »innerer Abrüstung«. Um sie sollten wir uns in erster Linie bemühen. Wenn wir dies tun und dabei Fortschritte machen, wird sich ganz von selbst eine friedlichere Gesellschaft herausbilden. *Sieh*

Wo der Frieden beginnt

Frieden beispielsweise beginnt in jedem von uns. Wenn wir inneren Frieden haben, können wir mit denen im Frieden sein, die uns umgeben. Wenn unsere Gemeinschaft sich im Frieden befindet, kann sie diesen Zustand mit benachbarten Gemeinschaften teilen usw. Wenn wir anderen gegenüber Liebe und Freundlichkeit empfinden, so gibt dies nicht nur anderen das Gefühl, geliebt und umsorgt zu sein, sondern es hilft uns außerdem, inneres Glück und inneren Frieden zu entwickeln.

Friedensnobelpreisrede

Ein liebendes Herz

Um das Glück und das Wohlergehen anderer wirklich zu wollen, brauche ich eine besondere altruistische Haltung, durch die ich befähigt werde, die Bürde auf mich zu nehmen, anderen zu helfen. Solch eine ungewöhnliche Haltung erreiche ich nur durch heilende Hinwendung, indem ich mich um das Leiden anderer kümmere und etwas zu seiner Überwindung tue. Um aber diese außerordentliche Kraft der heilenden Hinwendung zu erreichen, brauche ich zuallererst ein liebendes Herz, das unter dem Eindruck der leidenden Lebewesen wünscht, dass alle glücklich sind, das in jedem das Gute sieht und jedem Glück wünscht, so wie es eine Mutter für ihr ein einziges geliebtes Kind tut. *Logik, 62f*

Frieden beginnt in jedem von uns.

Same des Glücks

Ich glaube, dass Glück aus Freundlichkeit entsteht. Glück kann nicht aus Hass oder Zorn entstehen. Niemand kann sagen: »Heute bin ich glücklich, weil ich diesen Morgen sehr zornig war«. Im Gegenteil, die Leute fühlen sich unwohl und sind traurig und sagen: »Heute bin ich nicht so glücklich, weil ich diesen Morgen meine Beherrschung verloren habe.« Sie sehen also, dass diese Tatsache etwas Natürliches ist. *Ansprache (1963)*

Unser gutes Recht

Von Natur aus sucht jeder von uns Glück und möchte kein Leid erfahren. Wir haben jedes Recht, Glück zu erlangen – ein besseres, dauerhaftes Glück, wenn die Möglichkeit besteht, es zu erreichen. Genauso haben wir jedes Recht, jede Art von Leid zu überwinden. *Yoga, 11*

Nicht zu kaufen

Geistiger Frieden kann von keinem Arzt injiziert werden; kein Markt kann geistigen Frieden oder Glück verkaufen. Mit Millionen und Abermillionen Geldes können Sie alles kaufen, aber wenn Sie in einen Supermarkt gehen und sagen »Ich will geistigen Frieden«, dann werden die Leute lachen. Auch eine Maschine, zum Beispiel ein Computer, wie komplex er auch sein mag, er kann Ihnen keinen geistigen Frieden geben. *Ansprache 1996*

Wenn wir anderen helfen, dann sind wir selbst es, die den Nutzen davon haben.

Was uns antreibt

Wir kennen viele Ebenen des Glücks, nach dem wir alle streben, und des Leidens, dem wir entgehen wollen. Viele Millionen Menschen in dieser Welt suchen nach einem Weg, glücklich zu sein und das Leid zu überwinden, und betrachten dabei ihren Weg als die beste Methode. Alle großen Entwürfe, die Fünfjahrespläne und Zehnjahrespläne, gründen in dem Wunsch nach Glück. *Logik, 97*

Auf beiden Seiten

Wenn wir aber menschliches Glück fördern wollen, müssen wir dies auf zwei unterschiedlichen Ebenen tun, der inneren und der äußeren Ebene. Wir müssen

also daran arbeiten, die äußeren Probleme in den Griff
zu bekommen, gleichzeitig aber nach Wegen suchen,
um auch auf der inneren Ebene zurechtzukommen, so
dass wir persönliches Glück selbst angesichts so vieler
Probleme in unserer Welt aufrechterhalten können. *Welt, 23*

Belohnung

Glückliche Menschen sind nicht nur hilfsbereiter,
sondern anderen zu helfen ist auch die beste Art, sich
selbst zu helfen und unser eigenes Glück zu fördern.
Darauf weise ich immer wieder hin. Wenn wir anderen
helfen, dann sind wir selbst es, die den Nutzen davon
haben. *Welt, 323*

Zuneigung

Mitgefühl ist das Wissen um die Verbundenheit mit den
anderen. Dieses Bewusstsein, diese Aufmerksamkeit,
diese Achtsamkeit, dieser Sinn für den anderen, diese
Nähe zum anderen – diese mitfühlende Einstellung
ist etwas wirklich Kostbares. Denn sie verleiht uns tatsächlich jenen inneren Frieden, nach dem wir uns
sehnen. Und nicht nur das: Es fördert auch unsere Gesundheit. Denn der innere Frieden wirkt sich auf unser
körperliches Befinden aus. Das innere Gleichgewicht
stabilisiert auch unsere körperlichen und organischen
Funktionen; es verbessert das Immunsystem. *Sieh, 28*

Verbesserung

In dem Maße, wie Geist und Herz besänftigt werden, legen sich Unruhe und Sorgen auf natürliche Weise, und es ist möglich, mehr Glück zu genießen. Unsere Beziehungen zu anderen werden diese Veränderungen widerspiegeln. Und als bessere Menschen werden wir bessere Bürger unseres Landes sein und letzten Endes bessere Bürger dieser Welt. *Glück, 12*

Aufgeräumt

Die Wurzel Ihres eigenen Glücks und Wohlergehens liegt in einem friedlichen und gezähmten Geist. Auch im Hinblick auf andere – Ihre Freunde, Ehepartner, Eltern, Kinder und Verwandte – wird das Leben angenehmer, wenn Sie einen friedlichen und gezähmten Geist haben. Ihr Zuhause ist ruhig und alle, die dort leben, genießen ein ausgezeichnetes Gefühl der Entspannung. *Sinn, 6*

> Die Wurzel Ihres eigenen Glücks und Wohlergehens liegt in einem friedlichen und gezähmten Geist.

Gehör schenken

Durch Zuhören erlangen wir Weisheit und verringern unsere Unwissenheit. Daher lohnt es sich, zuzuhören, gleichgültig, wie mühsam das sein mag. Das Zuhören ist einer Leuchtfackel vergleichbar, die die Dunkelheit des Unwissens vertreibt. Und wenn wir unseren Geist durch Zuhören bereichert haben, kann uns dieser hinzugewonnene Reichtum nicht mehr genommen werden – er ist der höchste Reichtum. *Tag, 85*

Innere Stärke

Ohne innere geistig-seelische Gefestigtheit oder die richtige seelische Haltung kann man nicht glücklich und ausgeglichen sein oder in Frieden leben, selbst wenn man von den besten Freunden umgeben ist und die allerbesten materiellen Voraussetzungen gegeben sind. *Pfad, 12*

Kondition

Ein Mensch mit einem im Grunde heiteren und gelassenen Geist kann dank dieses inneren Friedens womöglich auch eine schmerzhafte physische Erfahrung verkraften. Andererseits wird jemand, der unter Niedergeschlagenheit, Angst oder sonstigen emotionalen Problemen leidet, selbst dann keine rechte Freude empfinden, wenn er körperlich wohlauf ist und ihm alle erdenklichen Annehmlichkeiten zur Verfügung stehen. Unsere geistige Verfassung im Sinn von Einstellungen und Emotionen spielt, wie sich hier zeigt, für unsere Erfahrung von Glück und Leid eine maßgebliche Rolle. *Anfang*

Lernziel

Ein innerlich ruhiger und ausgeglichener Geist lässt sich durch die auf ihn eindringenden Probleme nicht aus der Fassung bringen. Uneinigkeit und Kontroversen beunruhigen ihn nicht. Er lässt sich von ihnen nicht zu großen Konflikten provozieren. Solange aber unser Geist nicht von dieser inneren Ruhe durchdrungen ist, kann sich auch die leichteste Meinungsverschiedenheit zu einem tiefgehenden Krach ausweiten. Bevor wir also vom Weltfrieden reden, müssen wir uns zunächst über die innere Welt der Individuen Gedanken machen. Hier gilt es, einen inneren Frieden zu schaffen – und wenn dies der Fall ist, dann kann dieser innere Frieden nach außen strahlen: in die eigene Familie, in die eigene Gemeinschaft, in die Politik. Dies ist der eigentliche Weg zu einer dauerhaft friedlichen Weltordnung. *Sieh*

Meine Botschaft

Ich habe diese Worte geschrieben, weil eine Empfindung
mich ständig begleitet. Immer, wenn ich einem Menschen begegne, und sei er auch ein »Fremder«, ist es die
gleiche Empfindung: »Wieder begegne ich hier einem
Angehörigen unserer menschlichen Familie.« Meine Liebe
zu allen Lebewesen, meine Hochachtung vor ihnen
sind stetig gewachsen. Und ich fühle den Wunsch in
mir, etwas zu tun für den Frieden in der Welt. Ich
bete, dass die Menschen dieser Erde freundlicher miteinander umgehen mögen, voll gegenseitiger Liebe und
Anteilnahme. Und ich richte diese Worte an alle, die
das Leiden in der Welt verringern wollen und deren
tiefster Wunsch es ist, ein Glück zu finden, das von
Dauer ist. (Tenzin Gyatso) *Weg, 23*

Quellenverzeichnis

Wir danken den nachstehend genannten Verlagen und Rechtsnach-
folgern für die freundlichen Abdruckgenehmigungen. Trotz intensiver Bemühungen war es dem Verlag leider nicht in allen Fällen
möglich, den jeweiligen Rechtsinhaber ausfindig zu machen. Für
Hinweise sind wir dankbar. Rechtsansprüche bleiben gewahrt.

Dalai Lama XIV, *Das Auge einer neuen Achtsamkeit. Traditionen und
Wege des tibetanischen Buddhismus.* Eine Einführung aus östlicher
Sicht, Wilhelm Goldmann Verlag, München 1997.
© 1984, 1999 Tenzin Gyatso, the Fourteenth Dalai Lama. English
Translation and Introduction © Donald S. Lopez, Jr. Veröffentlicht
mit Genehmigung Nr. 69'278 der Paul & Peter Fritz AG in Zürich.
(= Achtsamkeit)

Dalai Lama, *Ohne Anfang, ohne Ende.* His Holiness the XIV Dalai
Lama 2000, © Scherz Verlag, Bern 2001, S. 10-27. *(= Anfang)*

Dalai Lama XIV, *Die Gespräche in Bodhgaya,* © Aquamarin Verlag,
Grafing, 1989. *(= Bodhgaya)*

Dalai Lama, *Die große Vollkommenheit. Dzogchen-Unterweisungen zur
Essenz des Tibetischen Buddhismus,* © Theseus in J. Kamphausen
Verlag & Distribution GmbH, Bielefeld 2008. *(= Dzogchen)*

Dalai Lama XIV, *Im Einklang mit der Welt. Der Friedensnobelpreisträger
im Gespräch.* Aus dem Amerikanischen von Günther Cologna,
© by Gustav Lübbe Verlag, Bergisch Gladbach 1993. *(= Einklang)*

Dalai Lama, *Der Friede beginnt in dir,* O.W. Barth Verlag 1994, Copy-
right der französischen Originalausgabe »Comme un éclair déchire
la nuit« © Editions Albin Michel – Paris 1992. *(= Friede)*

Dalai Lama, *Der Weg zum Glück. Sinn im Leben finden,* © Verlag
Herder, Freiburg im Breisgau 2002. *(= Glück)*

Dalai Lama/ Howard C. Cutler, *Glücksregeln für den Alltag. Happiness at Work,* © Verlag Herder, Freiburg im Breisgau 2004. *(= Glücksregeln)*

Dalai Lama, *Glücksregeln für den Alltag,* © Verlag Herder, Freiburg im Breisgau 2004[4], S. 44ff, S. 59f. *(= Glücksregeln)*

Dalai Lama, *Eine Politik der Güte,* Sidney Piburn (Hg). Aus dem Amerikanischen von Clemens Wilhelm, Walter Verlag AG 1992, © 1990, 1993 Sidney Piburn mit Genehmigung der Paul & Peter Fritz AG in Zürich *(= Güte)*

Dalai Lama XIV, *Die Vorträge in Harvard,* © Aquamarin Verlag, Grafing 1991. *(= Harvard)*

Dalai Lama, *Das Herz der Religionen. Gemeinsamkeiten entdecken und verstehen,* © Verlag Herder, Freiburg im Breisgau 2012. *(= Herz)*

Dalai Lama, *Mit dem Herzen denken – Mitgefühl und Intelligenz sind die Basis menschlichen Miteinanders,* Scherz Verlag 1997, dt. Übersetzung © Sabine Minden, © der Originalausgabe Harper Collins Publishers Ltd. *(= Herzen)*

Dalai Lama XIV, *Logik der Liebe.* Übersetzt von Michael von Brück, © 1989 Arkana Verlag, München, in der Verlagsgruppe Random House GmbH. *(= Logik)*

Dalai Lama, *Die Liebe. Quelle des Glücks,* Jeffrey Hopkins (Hg.), © Verlag Herder, Freiburg im Breisgau 2005. *(= Liebe)*

Dalai Lama, *Das Buch der Menschlichkeit,* © Bastei Lübbe GmbH & Co. KG, Köln 2000, S. 250-255. *(= Menschlichkeit)*

Dalai Lama, *Mit weitem Herzen. Mitgefühl leben,* Theseus Verlag 2002. © Theseus in J. Kamphausen Verlag & Distribution GmbH, S. 101-112. *(= Mit weitem Herzen)*

Dalai Lama, *Der Pfad des Glücks. Erfülltes Leben durch Bewusstseins-änderung,* Renuka Singh (Hg.), © Verlag Herder, Freiburg im Breisgau 2001. *(= Pfad)*

Dalai Lama, *Ratschläge des Herzens.* Aufgezeichnet und mit einem Vorwort von Matthieu Ricard, aus dem Französischen von Ingrid Fischer-Schreiber, © der deutschsprachigen Ausgabe 2003 Diogenes Verlag AG, Zürich. *(= Rat)*

Dalai Lama/ Howard C. Cutler, *Die Regeln des Glücks,* © der deutsch-sprachigen Übersetzung von Jürgen Manshardt bei Bastei Lübbe GmbH & Co. KG, Köln, © der Originalausgabe: Autoren. Veröffent-licht mit Genehmigung der Paul & Peter Fritz AG in Zürich. *(= Regeln)*

Dalai Lama, *»Sieh an, er ist wie du.« Friede erwächst aus Liebe und Mit-gefühl,* in: Christoph Quarch und Gabriele Hartlieb (Hg.), Eine Mys-tik, viele Stimmen, © Verlag Herder, Freiburg im Breisgau 2004. *(= Sieh)*

Dalai Lama, *Der Weg zum sinnvollen Leben. Das Buch vom Leben und Sterben,* Verlag Herder, Freiburg im Breisgau 2002, © by His Holiness The Dalai Lama and Jeffrey Hopkins. *(= Sinn)*

Dalai Lama, *Tag für Tag zur Mitte finden. Lesebuch durch das Jahr,* Renuka Singh (Hg.), © Verlag Herder, Freiburg im Breisgau 2002. *(= Tag)*

Tantra in Tibet. Das geheime Mantra des Tsong-ka-pa. Einleitung von Dalai Lama (XIV). Jeffrey Hopkins (Hg.). Aus dem Englischen von Burkhard Quessel, © 1999, Diederichs Verlag, München in der Ver-lagsgruppe Random House GmbH. *(= Tantra)*

Dalai Lama XIV, *Ein menschlicher Weg zum Weltfrieden.* Aus dem Amerikanischen von Rüdiger Majora, Diamant Verlag, Arnstorf 1991[3]. *(= Weg)*

Dalai Lama/ Howard C. Cutler, *Glücksregeln für eine verunsicherte Welt,* © Verlag Herder, Freiburg im Breisgau 2011. *(= Welt)*

Dalai Lama XIV, *Das Auge der Weisheit,* O. W. Barth Verlag, Bern und München 2003, © Theosophical Publishing House. *(= Weisheit)*

Dalai Lama, *Kleines Buch der Weisheit,* Matthew E. Bunson (Hg.), © Verlag Herder, Freiburg im Breisgau 2003. *(= Weisheit)*

Dalai Lama XIV, *Yoga des Geistes.* Übersetzt von Christhof Spitz/ Jürgen Manhardt, © Dharma Edition, Hamburg 1991². *(= Yoga)*

Im Verlag Herder sind erschienen:

ISBN 978-3-451-30632-7

ISBN 978-3-451-30631-0

ISBN 978-3-451-30634-1

ISBN 978-3-451-30633-4